백세시대 당당하게

존경받는 어른을 위한
108가지 이야기

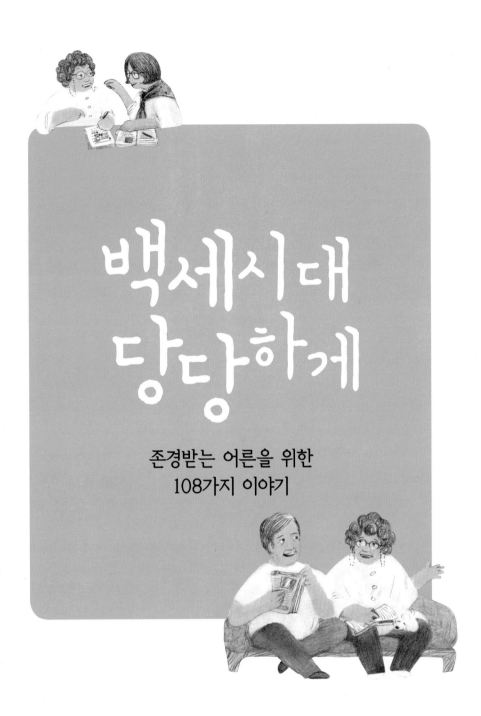

백세시대 당당하게

존경받는 어른을 위한
108가지 이야기

아름다운인연

책을 엮어 내며

지금 우리나라는 빠른 속도로 고령화 사회를 지나 고령 사회로 접어들고 있습니다. 이에 따라 가정과 사회에서 어르신들의 영역과 활동도 증가하고 있습니다. 반면 우리 사회의 노인 자살률은 OECD 회원국 중 가장 높고 증가 속도도 빠르며, 다른 세대에 비해서 심각할 정도로 높습니다.

어르신들은 젊은 시절 우리나라 근대화와 경제 발전의 주역으로, 한 집안의 어엿한 가장으로 활동하다가 이제는 그 자리를 물려주고 노년의 삶을 맞이하신 분들입니다.

부처님 말씀을 빌리지 않더라도 태어난 사람은 누구나 늙고 병들어 죽음을 맞이합니다. 늙고 병들어 죽는 것은 자연의 이치라는 겁니다. 부처님도 늙고 병들어 아파하시다가 열반하였습니다.

그렇지만 나이가 들더라도 어떻게 나이 들어 가느냐에 따라 그 삶이 행복하고 편안하기도 하고, 외롭고 쓸쓸하며 불행하기도 합니다. 그래서 부처님처럼 죽음을 극복하기도 하고, 괴롭게 삶을 마감하기도 합니다.

이 책은 노년을 맞이한 어르신들에게 마음의 안정과 평화를 주고, 건강하고 화목한 삶으로 이끌어 줄 것입니다. 그리고 죽음과 이별의 순간을 담담히 받아들일 수 있는 준비를 마음에 새기도록 합니다.

지난 삶을 돌아보고 현실의 나를 바라보는 당당한 모습, 생로병사가 삶의 한 과정임을 알고 받아들이는 긍정적인 모습, 어떻게 살아갈 것인가에 대한 능동적 다짐, 밝은 미래를 바라보는 건강한 시각, 삶을 소중하게 생각하는 가치관 등이 이 책에 담겨 있습니다.

어르신들의 행복감과 자존감 증대를 위한 108개의 자아성찰 문구와 이에 따른 글, 그리고 따뜻한 그림으로 구성되어 있는 이 책은 어르신들의 몸과 마음의 건강은 물론 자기 치유에도 큰 도움을 줄 것입니다. 더불어 스마트폰 애플리케이션 〈어르신 마음거울 108〉과 연동하여 한 구절, 한 구절 새기다 보면 행복한 마음의 근육이 단단하게 솟아남을 느끼게 되리라고 봅니다.

이 책과 애플리케이션을 기획한 홍익대학교 원일훈 교수님과 포교연구실 사무국장 혜안 스님, 맛깔스러운 글로 다듬어 주신 신연호 작가님, 따뜻한 일러스트를 만들어 주신 배현정 작가님과 원일훈 교수님께 감사드립니다. 더불어 이 책을 멋지게 만들어 준 아름다운인연에도 감사를 드립니다.

2017년 7월
엮은이 **박지홍**

차 례

3장 내 몸과 마음을 돌보겠습니다

사회와의 관계

1장 모든 세대와 끊임없이 이야기를 나누겠습니다

2장 의지할 수 있는 어른이 되겠습니다

3장 함께하는 사회임을 기억하겠습니다

4장 언제나 다른 사람을 보듬어 주겠습니다

5장 가족을 소중히 여기고 사랑하겠습니다

일러두기

1. 이 책은 스마트폰 애플리케이션 〈어르신 마음거울 108〉에서 소개하는 '108 발원문'에 적절한 이야기를 담아 각 발원문에 담긴 뜻을 설명한 해설서입니다. 애플리케이션과 함께 활용하면 좋지만, 이 책만 활용해도 무방합니다.

2. 책의 구성은 애플리케이션과 같습니다. 전체를 2부로 나누어 1부에서는 나를 가꾸는 데 필요한 가치관을 소개하고, 2부에서는 올바른 사회관계를 맺는 데 필요한 가치관을 소개하였습니다.

3. 이 책 본문에 쓰인 예화는 불교 경전, 역사적 사실, 문화, 시사 상식 등 여러 내용으로 구성하였습니다. 가급적 원래의 내용을 그대로 담도록 하였지만 이해를 돕기 위해 사실에 어긋나지 않는 범위 안에서 대화 등은 일부 꾸미기도 하였습니다. 이야기는 가능하면 출처를 밝히려고 노력하였으나 일부 불교 경전의 예화와 뉴스 등은 일일이 출처를 밝히지 못하였습니다. 다만 불교 경전은 한글대장경을 참고하였고, 뉴스는 각 언론사의 인터넷 판을 참고하였음을 밝힙니다.

나를 가꾸기

· 1장 ·

나를 사랑하고
격려해 주겠습니다

1

지금 이대로의 내 모습을
아끼고 이해하며
내 삶을 사랑하겠습니다

몇 해 전 개봉한 미국 영화 〈인턴〉은 우리나라에서도 큰 사랑을 받았습니다. 인턴이란 정식 직원이 아닌 교육생을 말합니다. 주로 젊은이들이 참가하지요. 그런데 영화 속 주인공인 벤은 70세에 시청에서 마련한 '시니어 인턴 프로그램'에 뽑혀 인턴이 됩니다. 벤이 출근하게 된 회사는 인터넷으로 옷을 판매하는 곳으로, 사장부터 직원이 거의 다 젊은 사람입니다.

회사는 시청에 협조하려고 인턴을 뽑았기에 벤에게 큰 기대를 하지 않습니다. 벤의 근무지는 사장실로 결정되었는데 30세의 여자 사장은 벤이 부담스러워 세탁소 심부름 같은 간단한 일만 부탁합니다. 화가 나고 답답할 만도 한데 벤은 불평하지 않습니다. 간단한 심부름도 완벽히 해내고 회사 안에서 자기가 할 수 있는 일을 찾아서 합니다. 컴퓨터의 전원을 켤 줄 모르지만 부끄러워하지 않습니다. 다른 사람들이 인터넷으로 정보를 얻을 때 혼자 종이 신문을 펼쳐 읽으면서도 당당합니다. 그러나 이메일로 연락하라는 사장의 말 때문에 이메일 쓰는 방법을 배우기도 합니다.

벤은 오랜 사회생활에서 얻은 경험과 성실함으로 사장에게 도움을 주고 인정도 받습니다. 그러나 결코 잘난 체하지 않습니다. 사장의 개인적인 고민을 알면서도 섣불리 충고하거나 위로하려 들지 않고 털어놓을 때까지 기다립니다.

영화 속 인물이지만 벤은 자존감이 높은 사람입니다. 자기 자신에게 긍지를 갖고 있기 때문에 못하는 일이 있어도 부끄러워하지 않고, 잘하는 것이 있어도 자랑하지 않습니다. 젊은 사장의 인정을 받지 못해도 조급해 하거나 불평하지 않고 자기 역할에 충실합니다. 언제나 웃으며 주변 사람들도 웃게 만듭니다.

자존감은 벤처럼 자기를 믿고 사랑하는 것입니다. 약점이나 결점도 숨기려 들지 않고 그대로 받아들이는 것입니다. 자기를 믿고 사랑하고 존중하시기 바랍니다. 행복하게 살기 위해 가장 먼저 할 일은 자존감을 높이는 일입니다.

2

나는 즐겁고 행복하게 살기 위해
이 세상에 왔음을 기억하겠습니다

가시고기는 우리나라 하천에 사는 작은 민물고기입니다. 다른 물고기와 달리 둥지를 만들어 산란을 하는 별난 습성을 갖고 있습니다. 산란할 때가 되면 수컷 가시고기는 풀 줄기에 둥지를 짓고 암컷에게 구애를 합니다. 그리고 5~6월경 암컷이 둥지에 알을 낳으면 수컷은 암컷을 쫓아 버립니다. 그때부터 알을 지키고 부화시키는 것은 오로지 수컷의 몫입니다. 알을 노리는 침입자를 물리치고, 알들이 잘 자라도록 지느러미를 부지런히 움직여 둥지 안에 신선한 물을 넣어 줍니다. 새끼가 알에서 부화해 둥지를 떠날 때까지 10일에서 15일 동안, 수컷 가시고기는 아무것도 먹지 않고 새끼들만 돌봅니다. 그러다 새끼들이 둥지를 떠날 때가 되면 기력이 떨어져 죽고 맙니다. 둥지를 나온 새끼들은 죽은 아비의 살을 파먹고 멀리 떠납니다.

자식에게 목숨까지 내어 주는 가시고기와 한국의 부모님은 닮았습니다. 희생을 미덕으로 알고 살아온 어르신들은 자식을 위해, 가정을 위해 자기의 삶은 내던진 채 살았습니다.

그렇게 살아온 세월이 행복하지만은 않았을 것입니다. 그래서 한국의

많은 부모가 자식들에게 나처럼 살지 말라고 당부합니다. 가족과 가정을 위해 희생만 한 삶이 안타까워 자식에게는 반대로 살 것을 주문하는 것입니다.

가시고기의 희생은 아름답고 고귀합니다. 그러나 우리가 모두 가시고기가 될 필요는 없습니다. 우리가 세상에 태어난 이유는 한 번뿐인 내 삶을 행복하게 살기 위해서입니다.

3

세상의 희로애락이 모두
마음먹기에 달렸음을
잊지 않겠습니다

『법구경』은 부처님의 게송(시)만을 따로 모아 만든 경전입니다. 『법구
경』「쌍요품」에 나오는 게송 가운데 이런 구절이 있습니다.

마음은 모든 법의 근본이고
마음은 주인도 되고 심부름꾼도 되나니
마음속으로 악을 생각해
그대로 말하고 그대로 행하면
죄의 고통 따르는 것은
수레가 바퀴자국 따르는 것 같으리.

마음은 모든 법의 근본이고
마음은 주인도 되고 심부름꾼도 되나니
마음속으로 선을 생각해
그대로 말하고 그대로 행하면
복의 즐거움 저절로 따름이

　그림자가 형체를 따르는 것 같으리.

좋은 마음을 먹으면 즐거움이 찾아오고, 나쁜 마음을 먹으면 죄의 고통이 찾아옵니다. 세상 일이 모두 마음먹기에 달렸음을 말하고 있습니다.

이 말은 『화엄경』에 나오는 '일체유심조(一切唯心造)'라는 구절과 그 뜻이 닿아 있습니다. 우리의 마음이 모든 것을 만든다는 뜻입니다. 극락도 내 마음이 만드는 것이요, 지옥도 내 마음이 만듭니다. 행복도, 불행도 내 마음이 만듭니다. 모든 일을 긍정적으로 생각하고 넉넉하게 마음먹는 것이 복을 짓는 일입니다.

4

부드러운 말투와
온화한 표정으로
너그러운 성품을 지켜 가겠습니다

조선의 명재상이었던 황희는 너그럽고 인자한 인물로 널리 알려져 있습니다.

어느 날 젊은 명필가 이석형이 황희의 집을 찾았습니다. 황희는 새 책한 권을 꺼내며 제목을 써 달라고 정중히 부탁했습니다. 처음에는 손을 내젓던 이석형도 황희의 간곡한 부탁에 더는 사양하지 못하고 제목을 써 주었습니다.

그런데 얼마 뒤 한 아이가 방안으로 들어와 놀더니 이석형이 제목을 써 준 책 위에 오줌을 누고 말았습니다. 그리고 실수를 깨달은 아이는 울음을 터트렸습니다. 황희는 노여운 기색 없이 직접 오줌을 닦고, 아이의 젖은 옷을 벗겨 손에 들려 주며 말했습니다.

"괜찮다, 괜찮아. 울지 말고 어미한테 가서 옷을 갈아 입혀 달라고 해라."

아이가 나가고 얼마 지나지 않아 여종이 황망한 목소리로 황희를 불렀습니다.

"대감마님! 쇤네가 큰 죄를 지었습니다요."

책에 오줌을 싼 아이의 어미였습니다. 황희는 사과하는 여종에게 따뜻하게 말했습니다.

"철없는 아이가 모르고 한 일인데 뭔 죄란 말인가? 신경쓰지 말거라."

그 모습을 지켜본 이석형은 황희를 마음 깊이 존경하게 되었습니다. 그 뒤로는 황희 앞에서 항상 고개를 숙이며 깍듯하게 예의를 갖췄습니다.

사람의 마음은 얼굴에 그대로 드러나게 마련입니다. 너그럽고 온화한 마음을 품고 있으면 얼굴에도 평화로운 기색이 나타납니다. 관용과 너그러움의 덕으로 마음의 평화를 키워 가기 바랍니다.

5

고통이나 불행을 만났을 때
조용히 성찰하며
삶의 지혜를 구하겠습니다

다윗은 이스라엘 왕국의 두 번째 왕으로서 수많은 전쟁을 치러야 했습니다. 다윗 왕은 어느 날 세공사를 불러 반지를 만들라고 분부했습니다.

"반지를 만들되 글귀를 하나 새겼으면 한다."

"왕이시여, 어떤 글귀를 원하십니까?"

"내가 원하는 글귀는 전쟁에서 이겨 기쁠 때나, 전쟁에서 패해 절망에 빠졌을 때나 읽고 가슴에 새길 만한 것이다."

다윗 왕은 마치 숙제를 내 주듯 어려운 주문을 했습니다. 세공사는 걱정이 이만저만이 아니었습니다. 반지야 잘 만들 수 있지만 기쁠 때나 슬플 때나 가슴에 새길 만한 글귀는 좀처럼 떠오르지 않았습니다. 고민 끝에 지혜롭기로 소문난 솔로몬 왕자를 찾아갔습니다. 왕자는 세공사의 말을 듣더니 반지에 맞춤한 글귀를 가르쳐 주었습니다.

"이렇게 새겨 넣어라. 이 또한 지나가리라."

세공사는 왕자가 가르쳐 준 말을 반지에 새겼고, 다윗 왕은 매우 흡족해 했습니다.

이 이야기는 유대인에게 오래전부터 전해 내려오는 지혜서 '미드라쉬'
에 기록되어 있다고 합니다. 이 일화를 바탕으로 미국의 시인이 시를
쓰면서 "이 또한 지나가리라."라는 말이 널리 알려지게 되었습니다.

부처님께서는 삶은 고(苦), 인생은 고의 연속인 고해(苦海)라고 하셨습
니다. 살아가다 보면 필연적으로 고통이나 불행을 만날 수밖에 없습니
다. 기쁜 일을 덤덤히 넘기는 것은 어렵지 않을 수 있습니다. 그러나
슬픈 일을 아무렇지 않게 견뎌 내기란 쉬운 일이 아니어서 누구나 깊
이 절망하게 마련입니다. 슬픔에 어떻게 대처하느냐에 따라 절망의 깊
이는 달라질 것입니다. 성찰하며 이겨 낸다면 그 또한 순탄히 지나갈
것입니다.

6

남을 탓하거나 원망하는 대신
나를 먼저 돌아보며
깨우치겠습니다

중국 전설 속에 '하(夏)'라는 나라가 있습니다. 하나라의 1대 왕인 우왕이 나라를 다스릴 때 제후 유호씨가 쳐들어왔습니다. 우왕은 아들 백계를 보내 유호씨와 맞서 싸우게 했지만 백계는 그만 패하고 말았습니다. 신하들이 백계에게 다시 싸우자고 권해도 백계는 고개를 저었습니다.

"아니 되오. 하나라 땅이 좁지 않고 백성도 많은데 전투에서 진 것은 내 덕이 부족하기 때문이오."

그 뒤로 백계는 검소하게 생활하며 백성을 더욱 아끼고 선한 정치를 베풀었습니다. 거처는 화려하게 꾸미지 않았고 음식도 간단히 먹었으며 악기를 연주하고 즐기는 일이 없었습니다. 자녀들에게도 검소하라 가르쳤고 웃어른을 공경했습니다. 현명한 사람을 존중하고 능력 있는 사람을 등용했습니다. 이렇게 1년이 지나자 유호씨는 더 이상 쳐들어오지 못했고 결국 스스로 항복해 왔습니다.

중국의 고전 『여씨춘추』에 나오는 이야기입니다. 남을 이기려고 하는 사람은 먼저 자기를 이겨야 하고, 남을 알고자 하는 사람은 먼저 자기

를 알아야 한다는 해설이 덧붙여져 있습니다.

힘든 일이 닥치거나 어떤 일이 잘 안 풀릴 때 남을 탓하며 원망하기는 쉽습니다. 하지만 그렇게 되면 문제의 원인을 알 수 없고 해결점 또한 찾을 수가 없습니다. 자기 실수는 없는지, 먼저 돌아보는 지혜가 필요합니다.

7

사랑과 자비의 마음으로
주변을 살피고
좋은 업과 덕을 쌓겠습니다

"조그마한 선이라도 좋은 복밭에 심으면 뒤에 반드시 은혜를 입을 것이다."
부처님이 하신 말씀입니다. 남에게 선을 베푸는 것을 보시라고 합니다. 하지만 경제적으로 넉넉해야만 남에게 베풀 수 있는 것은 아닙니다. 부처님의 전생담과 선악에 대한 이야기를 다룬 『잡보장경』에는 재물이 없어도 할 수 있는 일곱 가지 보시에 대한 말씀이 나옵니다.

첫째는 눈의 보시니, 언제나 좋은 눈으로 대하는 것이다.
둘째는 화한 얼굴과 즐거운 낯빛의 보시니, 찌푸린 얼굴로 대하지 않는 것이다.
셋째는 말씨의 보시니, 부드러운 말을 쓰고 추악한 말을 쓰지 않는 것이다.
넷째는 몸의 보시니, 일어나 맞이하여 예배하는 것이다.
다섯째는 마음의 보시니, 착한 마음으로 정성껏 공양하는 것이다.
여섯째는 자리의 보시니, 만일 부모·스승·사문·바라문을 보면

자리를 펴 앉게 하고, 나아가서는 자기가 앉은 자리에 앉게 하는
것이다.

일곱째는 방이나 집의 보시니, 부모·스승·사문·바라문으로 하
여금 집안에서 다니고 서며 앉고 눕게 하는 것이다.

이 일곱 가지 보시는 재물의 손해가 없이 큰 보답을 얻느니라.

이 일곱 가지 보시야말로 몸과 마음으로 정성껏 행하는 참된 나눔과
베풂입니다.

8

노력보다 많은 대가를 바라지 않고
그동안 누려 온 것들에
감사하겠습니다

"금을 캐러 서부로 가자!"

1849년, 미국 캘리포니아는 일확천금을 노리는 사람들로 장사진을 이루었습니다. 1년 전에 한 남자가 물속에서 사금을 발견했는데, 이야기가 부풀려지면서 캘리포니아가 온통 금 천지라는 소문이 퍼졌기 때문입니다. 금을 캐려는 사람들이 미국뿐 아니라 유럽, 중국 등에서도 몰려왔습니다. 이것을 '골드러시(gold rush)'라고 부릅니다.

골드러시는 사람들을 부자로 만들어 주었을까요? 그렇지 않습니다. 물론 골드러시로 일확천금의 행운을 거머쥔 사람이 없지는 않았습니다. 그러나 더 많은 사람이 벼락부자는커녕 오히려 빈털터리가 되었습니다. 번 돈을 술과 도박으로 날리거나, 생각만큼 금을 많이 캐지 못해 생활비를 보내고 나면 남는 게 없었기 때문입니다. 금을 캐기 위해 비싼 장비를 사느라 배보다 배꼽이 더 크게 돈을 쓰기도 했습니다.

정작 돈을 번 사람은 금을 캐던 광부가 아니라 음식이나 물건을 팔던 상인들이었습니다. 그중 한 사람이 리바이 스트라우스입니다. 리바이는 처음에 마차용 천과 천막을 판매했는데 생각만큼 사업이 잘 되지

않았습니다. 그래서 광부들이 입는 옷으로 눈을 돌렸습니다.

'험한 일을 하는데 옷감이 약하니 옷이 금방 망가지는군. 해지지 않고 튼튼한 작업복을 만들면 잘 팔리겠어…… 옳지! 그렇게 하면 되겠네.'

리바이는 질긴 천막 천으로 옷을 만들었습니다. 연장을 넣을 수 있게 주머니도 튼튼하게 만들고, 더러움이 잘 타지 않게 푸른색으로 염색했습니다. 이 옷이 바로 요즘에도 많이 입는 청바지입니다. 이 대단한 발명품은 리바이를 부자로 만들어 주었습니다.

노력보다 큰 대가는 그저 우연한 행운일 뿐입니다. 살다가 그런 일을 겪으면 즐겁지만, 항상 그러길 바라는 것은 헛된 욕심입니다. 욕심을 버리고 그동안 누려 온 것들에 감사해야 합니다.

9

나와 함께 살아가는
모든 생명을 존중하여
함부로 대하거나

해를 입히지 않겠습니다

세계의 중심에 있다는 수미산 꼭대기 도리천에는 신과 인간의 왕이 있습니다. 바로 제석천입니다. 제석천은 불법을 수호하는 중요한 신입니다. 1천 개의 뾰족한 창이 달려 있는 금강저를 들고, 두 마리 코끼리가 끄는 황금 마차를 타고 다니며 악마와 전쟁을 벌입니다.

제석천의 궁전에는 하늘을 덮는 커다란 그물이 있습니다. 인드라망이라는 이름의 이 그물에는 코마다 아름다운 구슬이 하나씩 달려 있습니다. 구슬은 서로를 비춥니다. 다른 구슬에 구슬이 비친 모습까지 비추니 한 개의 구슬에 여러 모습이 어우러져 나타납니다.

인드라망은 부처님의 진리를 상징하기도 하고, 이 세상을 상징하기도 합니다. 세상의 모든 것이 인드라망의 구슬처럼 서로를 비추며 연결되어 있다는 말입니다. 신의 궁전에 걸린 그물이니 얼마나 아름답겠습니까? 구슬 하나하나는 또 얼마나 영롱하게 빛을 내겠습니까?

이 세상이 그렇습니다. 영롱한 구슬처럼 귀하고 아름다운 생명체 하나하나가 모여 커다란 그물을 이루고 있는 것입니다. 부처님의 진리처럼 빛나는 온갖 풀과 나무, 산과 물, 동물들이 바로 그 영롱한 하나하나의

구슬입니다. 이 세상 모든 생명을 존귀하게 여겨야 하는 이유입니다.

불자가 되기 위해서 우리는 삼보에 귀의하고 오계를 지키겠다고 약속
합니다.

오계의 첫 번째는 불살생계(不殺生戒), 생명을 죽이지 말라는 것입니다.

10

양심의 소리에 귀기울이며 항상 깨어 있는 삶을 살겠습니다

고대 그리스의 소크라테스는 석가모니 부처님, 공자, 예수와 함께 인류의 4대 성인이라고 불리는 위대한 철학자입니다. 소크라테스에게는 어려서부터 무슨 일을 결정할 때마다 버릇처럼 하는 말이 있었습니다.

"다이몬의 말을 들었어. 나에게 하지 말라고 했어."

소크라테스는 다이몬의 지시에 따라 그 일을 할지 말지 결정했습니다. 대체 다이몬이 누구였을까요?

그 시대 사람들에게 다이몬은 신과 인간의 중간쯤에 해당하는 존재였습니다. 그런 다이몬의 말을 들었다고 하니 사람들은 소크라테스가 이상한 미신을 믿는다고 생각했습니다. 그러나 소크라테스는 다이몬을 '나를 이끄는 위대한 영혼'이라고 했습니다. 마음속에서 울리는 양심의 소리였던 것입니다. 늘 자기 양심에 귀를 기울이고 할지 말지를 결정한 것입니다.

양심이란 옳고 그름을 판단할 수 있는 마음입니다. 나쁜 일을 저지르면 마음이 편치 않은 것은 양심이 있기 때문입니다.

러시아의 작가 톨스토이는 "양심은 자기 마음의 재판관이다. 양심에

귀기울여라."라는 말을 했습니다. 어떤 일을 결정할 때, 우리는 양심의 소리에 귀기울이고 있는지 잘 생각해 보았으면 합니다.

2장

끊임없이 배우며
성장하겠습니다

11

새로운 일을 시도할 때
나이를 핑계로
주저하지 않겠습니다

'모제스 할머니(Grandma Moses)'라고 불리는 미국의 화가가 있습니다. 실제 이름은 안나 메리 로버트슨 모제스. 1860년에 태어나 101세까지 살았습니다. 모제스 할머니는 소박하고 따뜻한 미국의 시골 풍경을 그려 '국민화가'라는 별명을 얻었습니다. 지금도 미국의 크리스마스 카드나 연하장에서 모제스의 그림을 자주 볼 수 있습니다.

모제스 할머니가 화가가 된 건 60세가 훨씬 넘은 67세 때입니다. 모제스는 가난한 시골에서 태어나 역시 시골 농부인 남편을 만나 결혼했습니다. 손자들을 위해 자수를 놓다가 손가락 관절염 때문에 자수 놓기가 힘들어지자 새롭게 시작한 것이 그림 그리는 일이었습니다.

모제스의 그림은 처음에는 뉴욕 변두리에서 싼값에 팔렸습니다. 그런데 어느 날 유명한 미술 수집가의 눈에 띄면서 번듯한 전시회를 열게 되었습니다. 그때부터 모제스는 생전에 250회가 넘는 전시회를 열었습니다. 남긴 그림도 1,600점이나 됩니다. 그 가운데 25점은 100세 이후에 그렸습니다.

새로운 일을 시도할 때 적당한 나이란 없습니다. 모제스보다 늦은,

1880년에 태어난 해리 리버맨이라는 미국 화가도 70세가 넘어서 그림을 그리기 시작했습니다. 영국의 처칠 수상도 75세부터 『제2차 세계대전』이라는 회고록을 쓰기 시작해 80세에 완성했고, 그해에 노벨문학상을 받았습니다.

12

내 삶의 지혜와 인생의 경험을 믿고 자신감 있게 사회생활을 하겠습니다

"노인을 공경하면 큰 이익이 있느니라. 일찍 듣지 못한 것을 알게 되고, 좋은 이름이 멀리 퍼지며, 지혜로운 사람의 공경을 받는다."

부처님께서 사위국에 계실 때에 이렇게 말씀하셨습니다. 비구들이 여쭈었습니다.

"세존께서는 왜 항상 어른과 노인을 공경하라 하십니까?"

그러자 부처님은 이야기를 하나 들려주셨습니다.

옛날에 기로국이라는 나라가 있었습니다. 그 나라는 집에 나이 든 사람이 있으면 멀리 보내는 게 국법이었습니다. 그런데 그 나라의 대신이었던 한 효자가 차마 그 법을 따를 수 없어 비밀 방을 만들고 아버지를 모셨습니다.

어느 날 천신(天神)이 기로국에 와서 말했습니다.

"내가 내는 문제를 맞히면 나라에 좋은 일이 있을 것이다. 하지만 맞히지 못하면 이 나라는 며칠 안에 멸망할 것이다."

천신은 네모반듯하게 손질된 나무를 가리키며 물었습니다.

"어느 쪽이 머리인가?"

왕과 신하들이 논의를 했지만 답을 아는 사람은 없었습니다. 몰래 아버지를 모시고 있던 대신은 집에 가서 아버지께 여쭈었습니다. 아버지가 대답했습니다.

"물에 던져 보면 알 수 있어. 뿌리 쪽은 잠기고 머리 쪽은 뜬단다."

정답이었습니다. 천신은 또 다른 문제를 냈습니다. 생김이 똑같은 말 두 마리를 가리키며 물었습니다.

"누가 어미고, 누가 새끼인가?"

이번에도 왕과 신하들은 알지 못했습니다. 대신의 아버지가 또다시 답을 일러 주었습니다.

"풀을 먹여 보면 된단다. 풀을 밀어 주는 게 어미고, 받아먹는 게 새끼야."

천신이 계속해서 문제를 냈지만 아버지의 대답은 막힘이 없었습니다. 마침내 천신은 왕에게 선물을 주며 말했습니다.

"내가 너희 나라를 지켜 누구도 침입하지 못하게 하리라."

왕은 기뻐하며 대신에게 비결을 물었습니다. 대신은 아버지 이야기를 꺼내며 법을 어긴 죄를 빌었습니다. 하지만 이미 크게 깨달은 왕은 벌을 내리는 대신 잘못된 법을 고쳤습니다. 앞으로 모든 어르신을 공양하게 하고 대신의 아버지는 나라의 스승으로 모셨습니다.

아프리카 속담에도 이런 말이 있습니다.

"어르신 한 명이 세상을 떠나면 도서관 하나가 사라진 것과 같다."

어르신의 지혜가 크다는 것을 가리키는 말입니다. 우리는 비록 젊은 사람보다 힘은 없지만 연륜과 경험에서 오는 지혜가 있습니다. 그러니 무슨 일을 할 때 두려워하거나 주저하지 말고 자신 있게 추진하기 바랍니다.

13

결과에 신경쓰기보다
과정을 중요하게 여기며
도전하겠습니다

"어머니! 이제 출발합니다."

지난 2000년 중국에서 있었던 일입니다. 76세의 왕씨 어르신이 100세 가까이 된 노모를 특별한 차에 태웠습니다. 자전거에 세 바퀴 수레를 매달아 만든 관광 차였습니다.

왕 어르신의 어머니는 고향 하얼빈에서 평생을 살았습니다. 하얼빈을 벗어나 본 적이 없었고, 나이가 들면서는 몸이 불편해 집밖에 나갈 수도 없었습니다.

그래서 왕 어르신은 어머니를 모시고 여행에 나서기로 했습니다. 삼륜차에 담요와 주방 기구를 싣고 어머니가 앉을 자리를 마련했습니다. 그리고 그 삼륜차를 자전거에 매달아 어머니를 태우고 왕 어르신은 페달을 힘차게 밟았습니다.

여행은 쉽지 않았습니다. 자전거를 타고 오를 수 없는 가파른 산길에서는 밧줄로 수레를 끌어야 했습니다. 그러나 별 사고는 없었습니다. 3년 동안 2만 리를 돌았지만 왕 어르신의 어머니는 감기나 배탈 한 번 걸리지 않았습니다. 들르는 곳마다 많은 사람이 응원하며 힘을 보태

주었습니다.

두 모자의 여행은 무모한 도전이었기에 성공을 장담하기는 어려웠습니다. 그러나 실패했어도 두 모자는 서운해 하지 않았을 것입니다. 시도했다는 사실이 이미 많은 사람에게 감동과 용기를 주었기 때문입니다.

요즘 사회 뉴스에는 새로운 일에 도전하는 어르신들에 대한 기사가 많이 나옵니다. 연극에 도전하고, 뮤지컬에 도전하고, 영화감독에 도전하고, 사진작가에 도전합니다. 결과가 원하는 만큼 나오지 않으면 어떻습니까? 새로운 일에 도전하는 것만으로 이미 절반은 성공입니다.

14

건강을 돌보고 역량을 키워
꾸준하게 활동하겠습니다

중국 고대의 주(周)나라는 기원전 1,100년경에 일어났습니다. 그때 중국은 폭정이 심한 왕이 다스리고 있었는데 무왕이 그를 물리치고 세운 나라입니다. 그리고 무왕이 주나라를 세우는 데 큰 도움을 준 사람이 강태공입니다.

강태공은 변변한 벼슬 없이 가난하게 살다가 어느 때부터인가 위수에 나가 낚시를 합니다. 물고기를 낚자는 것이 아니었기에 낚시 바늘을 곧게 펴고 앉아만 있었습니다. 때를 기다린 것입니다. 그러기를 10년, 마침내 무왕의 아버지 문왕을 만나 나라의 스승이 됩니다. 그때 강태공의 나이는 80세에 가까웠습니다.

강태공은 주나라 건국에 큰 공을 세우고 땅을 받아 다스리며 160세까지 살았다고 합니다. 여기에서 나온 말이 '궁팔십 달팔십(窮八十 達八十)'입니다. 80세까지 가난하게 살았고, 그 후 80년은 출세하여 잘 살았다는 말입니다.

여기까지가 우리가 아는 강태공의 이야기입니다. 그런데 가만히 따져보아야 할 게 있습니다. 정말로 강태공이 하릴없이 낚시만 하다가 문

왕의 눈에 든 것일까요? 아무것도 안 하고 낚시만 하던 사람이 천하의 계책을 내어 나라를 세우고 다스리는 데 보탬이 될 수 있었을까요?

강태공은 그저 낚싯대만 드리우고 있었던 것이 아니라 역량을 키우고 있었습니다. 세상 이치를 꿰뚫고 돌아가는 정세를 살피면서 나라를 다스릴 방책은 무언지 곰곰 생각했던 것입니다.

지금은 100세 시대를 넘어 110세 시대라고 합니다. 길어진 수명만큼 어르신 세대가 해야 할 일도 앞으로 점점 늘어날 것입니다. 그러나 건강하지 못하고 역량이 없다면 좋은 기회도 소용없습니다. 꾸준히 활동할 수 있도록 건강과 역량을 키우는 것이 110세 시대를 준비하는 자세입니다.

15

원숙한 내 삶을 위해
끊임없이 배우며
성장하겠습니다

"공부하다 죽어라."

가야산에 있는 해인사 암자인 원당암에는 이런 글귀가 담긴 나무 비석이 서 있습니다. 글씨는 한국불교의 큰 스승 가운데 한 분이며, 조계종 종정을 지내신 혜암 스님이 직접 쓰셨습니다. 혜암 스님은 평소 제자들에게 다섯 가지 가르침을 강조하셨는데 그 가운데 하나가 바로 "공부하다 죽어라."입니다. 평생을 수행 정진하며 살라는 의미일 것입니다.

불가의 공부와 속세의 공부가 똑같지는 않습니다. 방법이나 내용이 조금 차이 날 것입니다. 그러나 생각을 할 줄 아는 사람으로 태어나 평생을 배우며 성장해야 하는 건 마찬가지입니다.

'평생교육'이라는 말이 있습니다. 1960년대 후반에 프랑스의 학자가 "나면서부터 죽을 때까지 평생 동안 교육해야 한다."고 주장하면서 널리 퍼진 말입니다. 그전에는 공부란 학생들이나 하는 것이라고 생각했습니다. 그런데 그때부터 성인이나 어르신이나, 직업인이나 주부 등 모두에게 교육이 필요하다는 생각이 퍼지게 되었습니다.

"공부는 늦추지도 말고, 서둘지도 말고, 죽을 때까지 할 일이다."
조선 시대의 학자인 율곡 이이가 한 말입니다. 꼭 어디에 쓰기 위해서
공부를 하는 것은 아닙니다. 무언가를 배우고 익히는 일은 나를 채우
고 크게 키워 가는 일입니다.

16

내게 주어진 시간을 낭비하지 않고 보람 있게 쓰겠습니다

순식간에 지나가는 짧은 시간을 '찰나'라고 합니다.

불경에서는 1찰나를 75분의 1초라고 말합니다. 약 0.013초입니다. 눈 한 번 깜박이기 힘든 짧은 시간이지만 불교에서는 찰나를 삶에 대한 비유로 많이 씁니다. 우리의 삶이란 찰나와 찰나가 끊임없이 이어지는 것이라 할 수 있습니다.

시간만큼 모두에게 공평한 것은 없다는 말이 있습니다. 누구에게나 똑같이 주어지지만 그 시간을 어떻게 쓰는지는 우리의 선택입니다.

러시아의 대작가 톨스토이가 쓴 「세 가지 질문」이라는 짧은 소설은 시간을 어떻게 써야 하는지에 대한 훌륭한 답을 주고 있습니다. 그 내용은 이렇습니다.

어느 날 러시아의 황제가 방을 붙였습니다.

첫째, 가장 중요한 때는 언제인가?

둘째, 가장 중요한 사람은 누구인가?

셋째, 가장 중요한 일은 무엇인가?

황제는 이 문제에 대답을 하는 사람에게 큰 상을 주겠다고 했습니다. 사람들이 앞다투어 답을 말했지만 황제의 마음에 들지 않았습니다. 숲 속에 지혜로운 어르신이 산다는 이야기를 들은 황제는 직접 어르신을 찾아가 물었습니다. 어르신이 대답했습니다.

"가장 중요한 때는 지금이고, 가장 중요한 사람은 지금 만나고 있는 사람이며, 가장 중요한 일은 지금 만나는 사람에게 선을 행하는 것입니다."

황제는 크게 깨닫고 이를 잘 실천하여 나라를 훌륭하게 다스렸다고 합니다.

우리에게 주어진 지금 이 시간, 우리는 어떻게 보내고 있습니까?

17

문화생활을 즐기며
일상을 보다 풍요롭게
채워 가겠습니다

어르신 세대가 젊었을 때에는 열심히 일하는 것을 최고로 알았습니다. 그러다 보니 여가 생활을 즐길 기회가 없었습니다. 경험이 없으니 은퇴 이후에 늘어난 시간을 어떻게 보내야 좋을지 알지 못합니다. 그래서 여가 시간의 대부분을 친구들과 함께 이야기를 나누거나 텔레비전을 시청하며 무료하게 보내는 어르신이 많습니다. 이런 소극적인 여가 활동은 심심함을 덜어 줄 수는 있겠지만 마음을 채워 주기에는 부족합니다. 그래서 필요한 것이 문화 활동입니다.

흔히들 21세기는 문화 예술의 시대라고 말합니다. 문화 예술이 사회를 풍성하게 가꾸어 줄 뿐 아니라 경제에서도 중요한 역할을 하는 시대가 되었습니다. 과거에는 기술이 산업을 이끌었지만 이제는 상상력과 창의력이 중요해졌기 때문입니다. 어린이나 어른을 가리지 않고 문화 예술 교육이 활발하게 이루어지는 것도 이 때문입니다.

문화 활동을 즐기는 방법은 그리 어렵지 않습니다. 조금만 관심을 기울여 찾아보면 주변에서 문화 예술 교육이 많이 이루어지는 것을 발견할 수 있습니다. 물론 집에서도 간단하게 문화 예술을 즐길 수 있습니

다. 휴대폰으로 사진을 찍거나, 그림을 그리거나, 손글씨를 써 봐도 좋습니다. 손자, 손녀가 보는 책을 읽는 것도 좋은 방법입니다.

무료함을 달래기 위한 여가 활동도 좋지만 마음을 채워 주는 문화 활동으로 삶을 풍요롭게 가꾸면 좋겠습니다.

18

결점과 실수를 감추려 하지 않고
개선하기 위해 노력하겠습니다

"나를 손가락질해 다오."

1980년 어느 일간지에 이런 제목의 글이 실렸습니다. 일제강점기에 고위 관리였다가 해방 후에는 교육계에 몸담았던 이항녕이 쓴 글입니다.

> 나는 일제 시대에 그들에게 아부한 사람들이 잘살았고, 그 자손들이 좋은 교육을 받아 지금까지도 영화를 누리고 있다는 사실을 잘 알고 있습니다. 나 자신이 바로 그 한 사람입니다.

일제강점기에 관직에 있었으니 자신은 친일파였다는 고백이었습니다. 이항녕처럼 친일을 고백하고 참회한 사람은 몇 사람이 더 있습니다. 친일을 했던 대부분의 사람이 친일을 하고도 아니라고 잡아뗀 것과 달리 이들의 참회는 감동적이기까지 합니다.

실수나 잘못을 감추면 당장의 부끄러움은 피할 수 있을지 모릅니다. 그러나 잘못은 언젠가 반복될 수 있습니다. 나만 모른 척한다고 제대로 감추어지는 것도 아닙니다.

참회한 뒤에 고치려고 노력하는 것은 올바름을 향해 가는 길입니다.
부처님도 참회한 사람은 너그러이 용서하셨습니다. 살인을 일삼던 앙
굴리말라도 참회하니 제자로 받아 주셨습니다.

19

가볍게 처신하지 않겠으며
충분히 생각하고
신중히 행동하겠습니다

몽골 제국을 통일하고 세계에서 가장 넓은 땅을 거느렸던 왕, 칭기즈 칸은 평소에 매사냥을 즐겼습니다. 야생의 매를 길들여서 사냥감을 잡아오게 하는 게 매사냥인데, 칭기즈 칸 이후에 인근 국가에서 널리 유행했을 정도입니다.

당연히 그에게는 훌륭한 매가 한 마리 있었습니다. 칭기즈 칸은 매를 어깨에 올리고 다니며 몹시 아꼈습니다.

칭기즈 칸이 매사냥을 떠난 어느 날이었습니다. 별 성과 없이 돌아오던 길, 지치고 갈증이 났던 칭기즈 칸은 말을 세우고 주변을 둘러보았습니다. 마침 부하들과 떨어져 홀로였던 칸은 갈증을 스스로 해결해야 했습니다. 그런데 마침 바위틈에서 흘러내리는 물을 발견했습니다. 칭기즈 칸은 짐 속에서 은으로 만든 잔을 꺼내 바위 위에 올려놓고 졸졸 흐르는 물을 받았습니다. 그런데 물이 다 차오를 때쯤 매가 그 잔을 툭 쳐 버렸습니다.

"이놈! 뭐하는 짓이냐?"

칭기즈 칸은 버럭 소리를 지른 뒤에 다시 물을 받았습니다. 물이 차오

르자 매는 또다시 물잔을 엎어 버렸습니다.

"이놈이 또! 내 너를 아끼니 한 번 더 용서하겠다. 하지만 세 번은 결코 용서 못한다!"

칭기즈 칸은 마치 사람에게 하듯 매를 꾸짖었습니다. 그리고 이번에는 바위에 올렸던 물잔을 직접 손에 들고 물을 받았습니다.

'이렇게 하면 다시 엎지르지 못하겠지.'

그러나 착각이었습니다. 매는 칭기즈 칸의 손에 상처를 내면서도 잔을 떨어뜨렸습니다. 칭기즈 칸은 더는 참지 못하고 칼을 휘둘러 매의 몸을 베고 말았습니다.

그는 비록 자기 몸에 상처를 입혔지만 아끼던 매가 죽은 게 안타까웠습니다. 갈증은 쏙 들어갔고, 죽은 매를 수습해 올려 둘 만한 곳을 찾아 이리저리 두리번거렸습니다.

"아니, 저건!"

물이 흘러내리던 바위틈 위, 작은 웅덩이가 칸의 눈에 들어왔습니다.
그곳에는 독사 한 마리가 죽어 있었습니다.

"아아, 세상을 지배하겠다는 내가 이토록 어리석다니. 세 번이나 거듭된 너의 행동은 이유가 있었을 텐데 미처 헤아리지 못하고 경거망동했으니 어찌할꼬."

칭기즈 칸은 신중하지 못했던 행동을 후회했습니다. 그러나 그토록 아끼던 매는 이미 죽고 없었습니다.

깊이 생각하지 않고 말이나 행동이 앞서는 사람은 실패가 잦습니다.
실패한 뒤에 후회해도 이미 벌어진 일은 되돌릴 수 없습니다.

20

불평불만이나 부정적인 생각 대신
긍정적인 말과
밝은 생각을 하겠습니다

제2차 세계대전 당시 영국을 이끈 처칠은 영국 국민에게 많은 사랑을
받았던 정치가입니다. 남아 있는 사진 중에는 얼굴을 찌푸린 모습이
많지만 실제로는 유머가 넘치는 사람이었습니다. 처칠의 유머 감각을
엿볼 수 있는 일화가 있습니다.

하루는 처칠의 비서가 신문을 들고 와서는 씩씩댔습니다.

"자네 왜 그렇게 화를 내나?"

"이 신문 좀 보십시오. 수상님을 이렇게 욕보일 수가 있습니까?"

처칠은 신문을 펼쳐 보았습니다. 불독 얼굴을 한 사람이 시가를 물고
있었습니다. 그건 처칠을 놀리기 위한 그림이었습니다. 처칠은 평소에
시가를 무척 즐겼기 때문입니다.

"기가 막히게 잘 그렸군!"

처칠이 남의 일처럼 말했습니다.

"수상님! 그건 수상님을 빗대서 모욕하는……."

"나를 꼭 닮지 않았나. 벽에 걸린 초상화를 떼어 내고 당장 이 그림을
오려 붙이게."

처칠은 유머 감각도 뛰어났지만 미래를 항상 낙관적으로 본 사람이기
도 합니다.

"낙관적인 사람은 고난 속에서도 기회를 보고, 비관적인 사람은 기회
속에서도 불행만 본다."

이런 말을 남겼을 정도입니다.

사소한 일에도 불평불만을 쏟아 내는 사람을 많이 봅니다. 마음에 불
평의 씨앗을 심었는데 일이 잘될 리가 없습니다. 마음에 들지 않는 일
이나 어려운 일이 있어도 불평하거나 부정적으로 생각하지 말고, 잘될
거라는 긍정의 씨앗을 마음에 심었으면 좋겠습니다. 긍정적인 생각은
사람을 덜 늙게 만들고 더 오래 살게 한다는 연구 결과도 있습니다.

21

현명한 판단을 할 수 있는
소신과 주관을 키우겠습니다

"얼른 가게로 달려가서 소금을 사 모으세요."

지난 2011년 중국에서는 때 아닌 소금 전쟁이 일어났습니다. 일본에서 지진 해일이 일어나 바닷가의 원자력 발전소가 망가진 일 때문이었습니다. 원자력 발전소의 파손은 심각한 환경오염을 불러왔습니다. 사람의 생명에 피해를 주는 방사능이 흘러나와 바닷물이 오염된 것입니다.

"바닷물이 오염됐으니 앞으로는 깨끗한 소금을 구할 수가 없답니다."

"소금에 방사능을 치료할 수 있는 성분이 있대요."

"소금을 사 두면 부자가 되는 건 시간문제랍니다."

사람들은 이런 소문을 퍼트리며 소금 사재기에 나섰습니다.

"소금은 방사능 해독에 큰 도움이 안 됩니다."

"사재기는 이기적인 행동입니다."

중국은 물론 전 세계 언론이 나서서 이런 기사를 썼지만 중국 사람들은 사재기를 멈추지 않았고, 소금 값은 하늘 높은 줄 모르고 올랐습니다. 그런데 얼마 뒤 사태가 진정되면서 정반대의 현상이 일어났습니다.

"소금을 물러 주세요. 집에 잔뜩 쌓여 있어서 평생 먹어도 다 못 먹을

거 같아요."

사람들은 이런 이유를 대며 소금을 반품하려고 했습니다. 그러나 상인들은 제품에 문제가 없으니 그럴 수 없다고 맞섰습니다.

남의 나라 이야기지만 마냥 웃을 수만은 없습니다. 우리도 줏대 없이 남의 말에 쉽게 휩쓸릴 때가 많기 때문입니다. 뭐가 좋다면 그쪽으로 우르르 몰리고, 또 뭐가 나쁘다면 아예 쳐다보지도 않습니다. 남의 말에 쉽게 혹해서 낭패를 겪는 일도 많습니다. 필요 없는 물건을 사들이거나 값싼 물건을 비싸게 구매하여 손해를 입기도 합니다.

남의 말에 휩쓸리지 않으려면 소신과 주관을 키워야 합니다. 여러 사람과 어울리며 온갖 말을 듣더라도 자기 주관과 소신이 있다면 현명한 판단을 내릴 수 있습니다.

삶의 지표가 되는 스승을
마음에 새기고
늘 배우겠습니다

「큰 바위 얼굴」이라는 미국의 소설이 있습니다.

미국 어느 지역에 커다란 바위가 있었습니다. 바위는 어딘가 사람의 얼굴과 닮아 있었습니다. 웅장하면서도 표정은 다정했습니다. 사람들은 그 바위를 '큰 바위 얼굴'이라고 부르며 우러렀습니다. 계곡의 토지가 기름진 것은 큰 바위 얼굴이 내려다보기 때문이라고 말하기도 했습니다.

마을의 소년 어니스트도 큰 바위 얼굴 보기를 좋아했습니다. 그런 아들에게 어머니는 재미있는 이야기를 들려주었습니다.

"언젠가 저 바위와 똑같은 얼굴을 한 사람이 나타날 거야. 마을에서 태어난 사람이 점점 자라면서 큰 바위 얼굴과 똑같은 얼굴이 된다는구나. 인디언들이 살 때부터 내려오는 전설이야."

"아! 그런 사람을 진짜로 만나볼 수 있다면 얼마나 좋을까요?"

소년은 그런 날이 오기를 꿈꾸었습니다. 큰 바위 얼굴을 가슴에 품게 된 소년은 늘 부지런하고 성실했으며, 어머니에게 착하게 굴었습니다. 공부도 게을리하지 않았습니다.

어느 날 이 마을 출신의 큰 부자가 왔습니다.

"큰 바위 얼굴이 나타났어."

사람들은 기대에 들떠 있었습니다. 그러나 부자의 탐욕스런 얼굴은 큰 바위 얼굴과 조금도 닮지 않았습니다. 계급이 높은 장군이 찾아오기도 하고, 인기 많은 정치인이 찾아오기도 했습니다. 사람들은 그때마다 큰 바위 얼굴이 나타났다며 환호했지만 어니스트가 보기에는 전혀 다른 얼굴이었습니다. 어니스트는 실망했지만 여전히 자기를 닦으며 예언이 실현되기를 기다렸습니다. 어니스트도 점점 나이를 먹어 갔고 지혜와 인품은 더해졌습니다.

어느 날, 마을의 관례대로 어니스트는 사람들 앞에 나가 연설을 할 일이 생겼습니다. 연설은 아름다웠습니다. 말과 행동이 일치했고 인자한 인품까지 어니스트의 연설은 누구에게나 감동을 주었습니다. 그때 누군가 소리쳤습니다.

"닮았어요. 어니스트 씨의 얼굴이 큰 바위 얼굴과 똑같아요."

예언 속의 그 사람은 바로 어니스트였던 것입니다. 큰 바위 얼굴을 가슴에 품고 꾸준히 자신의 삶을 닦은 결과였습니다.

누군가를 마음의 스승으로 삼고 정진하면 이렇게 아름다운 결과를 이루게 됩니다. 우리도 누군가를 삶의 지표로 삼고 닮으려고 노력해 보면 어떨까요? 그 스승이 부처님이라면 더 좋겠습니다.

3장

내 몸과 마음을
돌보겠습니다

즐거운 마음으로 하루를 시작하고
기분 좋은 상태로
잠자리에 들겠습니다

중국 당나라 말기에 활동한 운문 선사는 지금도 존경받는 유명한 선승입니다. 스님이 입적하신 뒤 제자들은 선종의 한 갈래인 운문종을 일으켰고, 스님의 어록을 책으로 남겼습니다. 바로 그 운문 선사의 이야기입니다.

어느 달 15일, 작은 법회를 열면서 운문 선사가 제자들에게 물었습니다.

"세상 사람들은 지나간 일에 집착하지만 지난 일은 묻어야 하느니. 15일 이전의 일은 묻지 않겠다. 15일 이후는 어떤 날이 될지 너희들의 생각을 말해 보아라."

제자들은 아무런 대답도 하지 못합니다. 다가오지 않은 날이 어떻게 될지 누가 알겠습니까? 그러자 운문 선사가 한 마디 합니다.

"날마다 좋은 날(日日是好日)."

이렇게 말한 운문 선사는 말을 잇습니다.

"사람들은 비가 오면 날씨가 나쁘다 말하고, 비가 그치면 날씨가 좋다고 말한다. 날이 가물면 가뭄이라 하고, 비가 내리면 홍수라고 하지.

그러나 우주에서 본다면 날씨는 자연 현상의 하나일 뿐이다. 진리를
아는 사람이라면 날씨에 상관없이 날마다 좋은 날이 아니겠느냐."
한 번 소리 내어 말해 보세요.
'날마다 좋은 날!'
기분이 절로 좋아지지 않습니까? 그러나 날마다 좋은 날은 그냥 찾아
오지 않습니다. 우리가 만들어야 합니다. 아무리 우울한 일이 있어도
아침은 산뜻하게 시작하고, 하루 중에 아무리 나쁜 일이 있었어도 밤
이 되면 모두 잊고 잠자리에 드시기 바랍니다. 그러면 다음날 아침은
기분 좋게 눈 뜰 수 있을 것입니다.

24

많이 웃고 활기차게 생활하여
무기력함을 떨쳐 내겠습니다

어떤 강사가 사람들을 향해 말합니다.

"자, 저를 따라서 웃어 볼까요? 먼저 마음으로 최면을 거세요. 나는 즐겁다! 언제나 행복하다! 나는 웃을 준비가 되어 있다! 준비되셨나요? 그럼 이제 웃어 봅시다."

"하하하하하하. 하하하하하하."

"꼭 소리 내어 웃으세요! 쑥스럽다고요? 화내는 것보다 낫잖아요. 소리 내 웃었기에 여러분은 암 발생률을 떨어뜨렸고 예상 수명을 늘렸습니다. 방금 뇌가 열여섯 가지 호르몬을 새로 만들어 냈거든요."

'웃음 치료사'라고 불리는 사람의 강연입니다.

웃음이 면역력을 높이고 질병 치료에 도움이 된다는 사실은 오래전에 이미 밝혀졌습니다. 호탕하게 웃는 것만으로도 뛰며 운동한 것과 같은 효과가 나타나고 심장이 튼튼해진다는 사실도 아울러 밝혀졌습니다. 웃으면 저절로 활력이 찾아오는 것입니다. 그뿐만이 아닙니다. 웃는 사람에게는 누구라도 호감을 갖게 마련입니다.

행복해서 웃는 게 아니라 웃어서 행복해진다는 말이 있습니다. 생활이

무기력하고 의욕이 없을 때는 일부러라도 크게 소리 내 웃어 보기 바랍니다.

25

꾸준히 신체 운동과 두뇌 운동을 하며 건강을 돌보겠습니다

조선 시대의 왕들은 대부분 장수를 누리지 못했습니다. 나라에서 제일 실력 있는 의사인 어의를 곁에 두고, 전국에서 올라온 온갖 좋은 음식을 먹었는데도 장수하지 못한 이유는 무엇일까요? 가장 큰 이유는 운동 부족이라고 합니다. 궁궐에 갇혀 지내다시피 했고, 행차를 하더라도 가마를 탔으니 운동을 할 시간이 없었던 것입니다.

산해진미나 보약보다 운동이 건강에 더 좋은 것은 두말할 필요도 없습니다. 특히 어르신들은 고혈압, 당뇨, 관절염과 같은 성인병을 많이 갖고 있는데, 이런 질환은 운동을 통해 관리할 수 있습니다. 운동은 무기력해지는 생활에 활력을 주기도 합니다.

그러나 운동을 할 때 주의할 것이 있습니다. 몸이 피곤할 때 움직이거나 몸에 충격을 주는 격렬한 운동은 오히려 해가 되므로 하지 말아야 합니다. 더운 날이나 추운 날을 피해야 하고, 운동 장소도 흙이나 잔디처럼 충격을 흡수할 수 있는 곳이 좋습니다.

사람의 몸은 늘 움직여야 제 역할을 한다고 합니다. 두뇌도 마찬가지입니다. 쓰면 쓸수록 활발하게 움직입니다. 머리를 쓰기 위해 퀴즈를

풀거나 퍼즐 조각을 맞춘 사람들이 치매 같은 뇌질환 없이 장수했다는 연구 결과도 있습니다.

운동은 인생을 길게 해준다는 말이 있습니다. 운동하지 않으면서 건강하게 오래 사는 사람은 없습니다.

26

건강을 해치는
나쁜 습관을 버리고
절제하는 생활을 하겠습니다

"처음에는 우리가 습관을 만들지만 그 다음에는 습관이 우리를 만든다."

외국의 격언에 이런 말이 있습니다. "세 살 버릇 여든 간다."는 우리 속담처럼 습관이 우리 인생에 많은 영향을 준다는 뜻입니다. 좋은 습관 하나는 사람을 행복하게 만들거나 성공으로 이끌 수 있습니다. 반대로 잘못된 습관 하나는 오랫동안 사람을 괴롭힐 수 있습니다.

건강을 위협하는 나쁜 습관은 많습니다. 흡연, 과음, 스트레스나 잘못된 수면 습관이 건강에 나쁜 영향을 줍니다.

사실 우리는 습관 중에서 어떤 것이 나쁘고 어떤 것이 좋은지 잘 알고 있습니다. 그런데 나쁜 습관을 버리려고 적극적으로 노력하지 않습니다. 나쁜 습관을 끌어안고 살면서 건강이 나쁘다고 푸념해서는 안 됩니다.

오랜 습관을 하루아침에 버리고 절제력 있는 생활을 하기란 쉽지 않습니다. 처음부터 나쁜 습관을 다 버리려 하지 말고 순서를 정해서 하나씩 고쳐 나가는 게 나쁜 습관을 버리는 가장 효과적인 방법이라고 합

니다. 나쁜 습관을 좋은 습관으로 바꾸어 나가는 것도 한 방법입니다.

건강에 나쁜 술을 마시는 대신 차를 마시는 것처럼 말입니다.

27

내 몸의 변화와 건강 상태를 주기적으로 살피고 관리하겠습니다

아기를 키울 때 부모님은 매의 눈으로 자식을 관찰합니다. 건강을 살피기 위해서입니다. 어떤 행동을 하는지, 먹는 것은 어떤지, 잠은 잘 자는지 관찰하고, 기저귀까지 들여다보며 용변의 색깔이나 상태를 살핍니다.

이제는 관심의 방향을 스스로에게 돌려야 할 때입니다. 밥을 제대로 먹고 있는지, 잠은 제대로 자고 있는지, 화장실에서는 어떤 일이 벌어지는지, 기억력은 어떤지……. 조금만 관심을 기울이면 자기의 변화를 느낄 수 있습니다.

요즘은 건강 상태를 점검해 보는 자가진단표가 많이 나와 있으니 한번 해보는 것도 좋은 방법입니다. 복잡해서 하기 힘들면 가족의 도움을 받으면 됩니다. 혼자서 체크하다 보면 작은 변화도 크게 느끼고 겁을 낼 수 있으니 동네에 단골 병원을 만들어도 좋습니다. 이 병원, 저 병원 옮겨 다니지 말고 한곳을 정해 두면 진료 때마다 조언을 들을 수 있을 것입니다. 국가에서 시행하는 건강검진이나 계절마다 하는 예방접종도 놓치지 않아야 합니다.

자기 몸을 가장 잘 아는 사람은 자기 자신입니다. 평소의 작은 관심으로 평생의 건강을 지켜 나가야 합니다.

28

건강에 좋은 음식으로
끼니를 챙기고
과식하지 않겠습니다

독일의 철학자 칸트는 어려서 영양실조를 앓았기 때문에 커서도 허약했습니다. 그러나 80세가 넘도록 건강하게 살았습니다. 비결은 규칙적인 생활이었습니다. 칸트는 항상 같은 시간에 일어나고, 공부하고, 학생들을 가르치고, 산책을 하고, 잠자리에 들었습니다.

칸트는 식습관도 철저했습니다. 매일 규칙적인 시간에 식사를 한 것은 물론이고 언제나 소식(小食)을 했습니다.

규칙적인 식습관과 소식이 건강에 좋은 영향을 준다는 것은 잘 알려진 사실입니다. 지난 2013년 경상북도에서는 도내 100세 이상 어르신을 대상으로 생활상을 조사해서 발표했습니다.

'식사는 규칙적으로 한다.'

이 질문에 어르신의 90퍼센트가 그렇다고 대답했습니다.

'식사량은 적거나 적당하다.'

이 질문에 그렇다고 대답한 어르신도 90퍼센트가 넘었습니다.

'하루 세 끼를 꼬박꼬박 챙겨 먹는다.'

역시 대부분의 어르신이 그렇다고 대답했습니다. 반찬의 가짓수는

3~4가지가 가장 많았고, 즐겨 드시는 음식은 채소류, 과일류, 콩 제품 등의 순서였습니다.

수명을 늘리려면 식사량은 줄이라는 말이 있습니다. 좋은 음식을 천천히 적당하게 먹는 일은 건강에 큰 도움이 됩니다.

29

아픔이나 고통을 과장하지 않고
용기 있게 이겨 내겠습니다

"여기도 아프고 저기도 아프고 성한 데가 없어."

"병원에 가도 안 낫고, 약을 먹어도 소용없고……."

"가만히 있으면 여기저기 쑤시니까 자꾸 움직이는 거야. 아픈 것 달아 나라고."

어르신들은 이렇게 아프다는 말씀을 자주 하십니다. 그런데도 누구 하나 알아주지 않습니다. 가족들도 병원에 가 보시라는 말만 보탭니다. 할 수 없이 아픈 몸을 이끌고 병원에 가 봐도 병명이 명쾌하게 나오지 않습니다.

여기저기 아픈 게 나이 탓만은 아닙니다. 사실 현대인들은 많이 아픕니다. 생활이 갑자기 편리해져서 움직임이 적어진 탓에 건강이 나빠졌고, 외롭고 지치니 마음도 아픕니다. 그런데 아픔을 이겨 내는 방법은 사람마다 다른 것 같습니다. 아프다는 말을 달고 살며 이 병원 저 병원 찾아다니는 경우가 있는가 하면, 애써 몸을 움직이며 아픔을 잊으려고 애쓰는 경우도 있습니다. 어느 편이 건강에 더 이로울까요?

불교에서는 괴로움과 힘든 일을 끝까지 참고 견디는 인욕(忍辱)을 수행

의 중요한 덕목으로 가르칩니다. 중국 당나라 때 편찬한 불경인 『광홍
명집』에도 이런 가르침이 나옵니다.

인욕이란 힘 있는 대인(大人)의 근본적인 공덕이다. 고통을 참고,
사상(思想)을 참고, 질병을 참고, 굶주림을 참고, 피곤함을 참고,
추위와 더위를 참고, 근심을 참고, (……) 이같이 행할 수 있으면
참으로 대인욕(大忍辱)이라 말할 수 있다.

30

내 감정과 기분을 숨기지 않고
올바른 방법으로
솔직히 표현하겠습니다

'분노와 미움을 드러낼수록 더 오래 산다!'

이상하게 들리지만 이것은 지난 2012년 독일의 한 대학이 연구해서 발표한 내용입니다. 이탈리아나 스페인 사람들은 성격이 다혈질인데, 이런 나라 사람들이 감정을 숨기고 점잖은 체 하는 영국 사람보다 2년쯤 더 산다는 것입니다.

"대인욕을 하라더니 화를 내라는 건 무슨 소리요?"

이렇게 말씀하는 어르신이 계실 것 같은데, 이 말은 마구잡이로 화를 내라는 뜻이 아닙니다. 감정을 꾹꾹 눌러 두지만 말고 지혜롭게 표현하라는 것입니다. 그렇게 하는 것이 정신 건강에 이롭습니다.

미국의 어느 회사가 2009년부터 2011년까지 세계 151개 나라를 대상으로 조사를 했습니다.

'하루 동안 얼마나 많이 웃고 즐거웠나요?'

'하루 동안 걱정은 얼마나 했고, 스트레스는 얼마나 느꼈나요?'

이렇게 묻고 각각의 순위를 매겼습니다. 즐거운 감정을 잘 표현하는 나라가 있는 반면, 슬픈 감정을 잘 표현하는 나라도 있었습니다. 우리

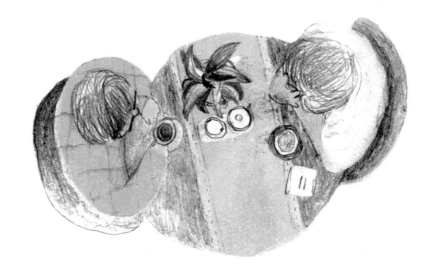

나라는 어느 쪽이었을까요? 이도저도 아닌 나라에 꼽혔습니다. 감정 표현을 못하는 무뚝뚝한 나라 21위에 오른 것이었습니다.

우리는 감정 표현에 서투릅니다. 좋아도 좋다고 말하지 못하고, 싫어도 싫다고 말하지 못합니다. 내가 못하니 남들이 싫다, 좋다고 분명하게 말하는 것도 좋아하지 않습니다.

속으로만 꾹꾹 참다 보면 화병이 생기고 우울증이 찾아옵니다. 특히 남성들은 울거나 힘들다는 소리를 하면 안 된다는 가부장적인 교육을 받아 왔기 때문에 힘들어도 하소연할 데가 없습니다. 마음의 병을 키우는 꼴입니다.

마음속의 분노나 증오를 아무렇게나 뱉어 내라는 말은 아닙니다. 화가 나면 어떤 일로 화가 난다고, 미안하면 진심을 담아 미안하다고, 사랑하면 적극적으로 사랑한다고 말해야 한다는 뜻입니다. 그것이 바람직한 감정 표현입니다.

31

마음이 아플 때
혼자 고민하지 않고
다른 이의 도움을 받겠습니다

현대 사회의 가장 큰 질병은 마음의 병이 아닐까 싶습니다. 우울증은 이미 널리 알려져 있고, 요즘은 공황장애나 불안장애 같은 질병을 호소하는 사람들이 많습니다.

우울증은 병명도 여러 갈래로 나뉘어 있습니다. 소아 우울증, 산후 우울증, 갱년기 우울증, 노인 우울증······. 모든 세대가 우울증을 앓고 있다는 말입니다. 마음의 병은 더 이상 남의 일이 아니라 언젠가는 내 일이 될 수도 있습니다.

그런데 우리는 마음의 병을 드러내 놓고 남한테 말하지 못합니다. 특히 정신과 병원에 가는 것을 두려운 일로 생각합니다.

"내가 정신병이라는 거야? 비정상이라는 소리잖아."

"정신병원은 미친 사람들 가는 데 아니야?"

이런 말까지 하곤 합니다. 그러나 아닙니다. 정신병은 비정상이 아니고 정신병원은 미친 사람이 가는 곳이 아닙니다.

어린이들 노래 중에 이런 노랫말이 있습니다.

"배 아프고 열이 나면 어떡할까요? 어느 어느 병원에 가야 할까요?"

마음이 아플 때는 어느 병원에 가야 할까요?

배 아프면 배를 낫게 해주는 전문의에게 가야 하고, 마음이 아프면 마음을 치료하는 전문가에게 가야 합니다. 우리가 갖고 있는 편견을 마땅히 버려야 합니다.

32

남과 나를 비교하지 않겠으며 경쟁심으로 마음을 다치지 않겠습니다

한국 사람은 남과 비교하기를 좋아합니다. 자녀의 성적을 남과 비교하고, 남편의 수입을 남과 비교하고, 아내의 솜씨를 남과 비교합니다. 어르신들도 마찬가지입니다.

"나보다 어리다면서 어째 더 나이 들어 보여."

"나이도 많은 사람이 나보다 건강하네. 자식들이 잘 챙겨 주나?"

"그 집 자식은 우리 애보다 인물도 없고 직장도 별로인데 결혼은 더 잘했어. 사람 팔자 알 수 없다니까."

이렇게 비교를 합니다. 마음이 텅 비었으니 자꾸 비교하고, 만족이 없으니 자꾸 비교하는 것입니다. 비교해서 얻어지는 것이 있습니까? 비교해서 나아지는 것이 있습니까? 설령 내가 남들보다 낫다고 생각해도 교만한 마음이 들 것이고, 남들보다 못하다고 생각하면 불만이 쌓입니다. 남보다 나아도 마음에는 독이고, 남보다 못나도 마음에 독이 생깁니다.

이런 격언이 있습니다.

"비교만큼 행복을 해치는 감정도 없다."

남과 비교하지 말고, 남에게 열등감 느끼지 말고, 자기만의 장점을 찾
아보십시오.

33

남이 가진 것을 탐내거나
남이 잘되는 것을
시기하지 않겠습니다

부처님의 제자인 수보리, 가전연, 마하가섭, 목련 네 사람이 부처님께 법을 듣고 있었습니다. 부처님은 그 자리에 없는 또 다른 제자인 사리자를 칭찬했습니다.

"사리자는 먼 훗날 큰 깨달음을 얻어 높은 반열에 오를 것이다."

네 명의 제자는 뛸 듯이 기뻐하며 무릎을 꿇고 부처님께 예를 갖췄습니다. 사리자의 깨달음을 자기 일처럼 기뻐했던 것입니다. 그리고 언젠가는 자기들도 지혜를 얻어 큰 깨달음을 얻게 될 것이라는 희망을 갖습니다.

남이 잘되는 것을 자기 일처럼 기뻐하는 마음을 희무량심(喜無量心)이라고도 합니다.

부처님은 보살이 갖추어야 할 것으로 '네 가지 한량없는 마음(사무량심 : 四無量心)'을 늘 강조하셨는데, 자(慈), 비(悲), 희(喜), 사(捨)가 바로 그 네 가지 마음입니다.

자는 상대방에게 즐거움을 주는 것입니다. 비는 다른 생명의 고통을 불쌍하게 여기는 마음입니다. 네 번째 사는 평온한 마음입니다. 세 번

째로 말씀하신 희가 바로 남의 좋은 일을 진심으로 함께 기뻐하는 마음, 희무량심입니다.

"사촌이 땅을 사면 배가 아프다."는 속담이 있습니다. 남이 잘되는 것을 시기하고 질투하기 때문입니다. 남이 잘되는 것을 자기 일처럼 기뻐해 줄 수는 없는 걸까요? 남의 기쁨을 진심으로 축하해 주는 사람은 언젠가 그처럼 기쁜 일을 만날 수 있을 것입니다.

34

지나친 걱정이나 근심 대신
희망을 먼저 떠올리겠습니다

이슬람의 한 교단에 전해지는 재미있는 우화가 있습니다. 이야기에는 '물라 나스루딘'이라는 사람이 빠지지 않고 등장합니다. 어찌 보면 현명한 사람 같고 어찌 보면 어리석은 사람 같아서 '행복한 바보 성자'라는 별명을 갖고 있습니다. 바로 그 나스루딘의 이야기입니다.

어느 날, 나스루딘이 당나귀를 잃어 버렸습니다. 이웃 사람들이 모두 나서서 걱정하며 당나귀를 찾았지만 정작 나스루딘은 태연했습니다. 한 이웃이 물었습니다.

"나스루딘, 걱정도 안 돼요? 어떻게 그렇게 태연할 수 있죠? 아예 당나귀 찾기를 포기한 건가요?"

나스루딘은 태연하게 대답했습니다.

"저기 언덕이 보이죠? 저기는 아직 찾지 않았잖아요. 그러니까 저기를 먼저 찾아볼게요. 그래도 당나귀가 나타나지 않으면 걱정은 그때부터 할래요."

당나귀를 찾지 못하면 큰 손해일 텐데 태평스럽게 받아들입니다. 과연 바보 성자답습니다. 어리석어 보이지만 현명한 태도입니다. 걱정한다

고 해결되지 않을 일이면, 안달복달해 봐야 아무 소용없다는 걸 잘 알고 있습니다.

미국의 심리학자 어니 젤린스키는 걱정에 대해서 이렇게 말했습니다.

걱정의 40퍼센트는 절대 현실로 일어나지 않는다.
걱정의 30퍼센트는 이미 일어난 일에 대한 것이다.
걱정의 22퍼센트는 하지 않아도 될 사소한 것이다.
걱정의 4퍼센트는 우리 힘으로는 어쩔 도리가 없는 일이고
걱정의 4퍼센트만이 우리가 바꿀 수 있는 일이다.

우리가 할 만한 걱정은 4퍼센트, 100개 가운데 겨우 네 개만이 쓸모 있다는 것입니다.

35

나쁜 일은 마음속에 담아 두지 않고 한시라도 빨리 잊겠습니다

인간은 망각의 동물입니다. 무언가를 잊어 버리는 것이 살아가는 데도 도움이 됩니다.

그런데 이상한 일입니다. 자기에게 좋고 행복했던 기억은 쉽게 잊는 반면, 두려움이나 공포, 상처가 된 나쁜 기억은 오래도록 잊지 못합니다. 잊어 보려고 술을 마시기도 합니다. 하지만 술은 기억력을 떨어뜨릴 뿐, 나쁜 일을 잊는 데 도움이 되지 않습니다. 오히려 나쁜 기억을 더 자주 떠오르게 합니다.

그렇다면 나쁜 기억을 잊어 버리는 방법은 없는 것일까요?

이스라엘 사람인 에란 카츠는 기억력 천재로 유명합니다. 500개 단어를 30분 만에 외워 기네스북에 올랐습니다. 한국에도 여러 번 방문해 신문이나 방송에 많이 나왔습니다.

기억력 천재인 카츠는 나쁜 기억을 빨리 잊는 방법도 소개했습니다.

"용서하세요!"

나쁜 기억이 다른 사람 때문이면 다른 사람을 용서하고, 나쁜 기억이 나 때문이라면 나를 용서하라는 것입니다. 에란 카츠는 신문 인터뷰에

서 이런 말도 했습니다.

"예수는 77번 용서하라고 했습니다. 한 번, 두 번, 세 번 용서할 때는 감정이 있어서 완전히 용서하기가 힘들어요. 그러나 감정을 버리고 진심으로 용서하면 나쁜 기억도 사라집니다."

36

사소한 일로 화내지 않고
마음을 다스려
평정심을 찾겠습니다

요즘 들어 '욱한다'는 말을 자주 듣습니다. 격하게 일어나는 분노 때문에 실수를 저지르는 일이 많다는 뜻이지요. 마음에 여유가 없으니 사소한 일로도 마음이 요동을 치는 것입니다.

부처님을 오른쪽에서 모시는 보현보살은 진리의 실천 수행을 관장하는 보살님입니다. 『화엄경』「보현행품」은 보현보살이 대중에게 가르침을 주는 내용입니다. 그중 화에 대한 가르침이 있어서 옮겨 봅니다.

불자들이여, 나는 보살들이 다른 보살에게 성내는 마음을 일으키는 것보다 큰 허물을 보지 못했습니다. 만약 보살이 다른 보살에게 성내는 마음을 일으키면 백만 장애의 문을 이루기 때문입니다.

무엇을 백만의 장애라 하는가. 이른바 보리(깨달음)를 보지 못하는 장애, 바른 법을 듣지 못하는 장애, 부정한 세계에 태어나는 장애, 악취 나는 곳에 나는 장애, 여러 어려운 곳에 나는 장애, 병이 많은 장애, 비방을 받는 장애, 우둔한 길에 나는 장애, 바른 생각을 잃는 장애, 지혜가 모자라는 장애……

보현보살의 예는 길고도 길게 이어집니다. 화를 내는 것이 큰 손해라는 것을 몸소 가르쳐 주기 위해서입니다.

누군가에게 화를 내면 두 사람이 다칩니다. 화풀이를 당하는 사람이 다치고, 화를 내는 사람이 다칩니다. 미국의 독립선언문을 쓴 토머스 제퍼슨은 이렇게 말했습니다.

"화가 났으면 입을 열기 전에 열을 세라. 화가 많이 났으면 1부터 100까지 세라."

4장

열심히 산 나를 칭찬하고
계속 정진하겠습니다

최선을 다해 살아온
내 인생을 격려하며
자부심을 갖겠습니다

'20세기가 낳은 위대한 소설가'.

미국의 작가 헤밍웨이를 가리키는 말입니다. 1954년에 노벨문학상을 받은 소설가로 많은 작품이 세계적인 명작으로 남아 있습니다. 그 가운데 『노인과 바다』는 나이 든 어부 산티아고의 이야기입니다.

소설의 줄거리는 너무나 간단합니다. 산티아고가 바다에 나가 물고기를 잡아 돌아오는 과정이 다입니다. 왕년에는 힘이 어마어마한 장사였던 산티아고. 그러나 지금은 모든 게 힘에 부칩니다. 무려 84일 동안이나 고기를 잡지 못했습니다. 함께 배를 타던 소년 마놀린도 산티아고의 곁을 떠났습니다. 마놀린의 부모가 다른 배에 태웠기 때문입니다.

85일째 되는 날도 산티아고는 홀로 바다에 나갑니다. 운이 좋아서인지 엄청난 크기의 청새치를 잡았습니다. 그러나 녀석은 산티아고가 상대하기에는 지나치게 힘이 셉니다. 청새치를 끌어올려야 하는데 오히려 배가 끌려 다닙니다. 3일 동안이나 청새치와 싸우던 산티아고는 마침내 지친 청새치에게 작살을 내리 꽂습니다.

이제 집으로 돌아가기만 하면 된다고 생각했을 때 예상치 못한 불청객

이 나타납니다. 피 냄새를 맡은 상어 떼가 몰려왔습니다. 산티아고는 상어 떼를 막기 위해 노력하지만 상어는 청새치를 모조리 뜯어먹었고, 산티아고는 뼈만 남은 물고기를 싣고 돌아옵니다. 사람들은 모두 청새치 뼈의 어마어마한 크기에 놀랍니다. 산티아고의 배를 떠났던 소년 마놀린도 마찬가지입니다.

이야기의 마지막은 이렇습니다. 산티아고는 집으로 돌아가 잠에 빠집니다. 마놀린이 산티아고를 지켜봅니다. 산티아고는 사자 꿈을 꾸고 있었습니다.

큰 사건 없이 벌어지는 이야기가 오래도록 명작으로 남은 이유는 무엇일까요? 그것은 산티아고가 보여 준 인간의 존엄성 때문입니다. 또다시 고기잡이에 실패했지만 산티아고는 절망하지 않습니다. 편안하게 잠들며 희망의 상징인 사자 꿈을 꿉니다. 최선을 다해 살아온 사람의 삶은 그렇게 아름답고 늘 희망으로 가득 차 있습니다.

38

지나간 시간에 연연하지 않고 현재와 미래를 더 값지게 만들어 가겠습니다

"나도 한때는 잘 나가던 사람이야."

"왕년에는 나도 한가락 했어."

"옛날에는 내가 말이야……."

"소싯적에는 나도……."

한국 사람들은 이런 말을 자주 합니다. 왕년에 천재 아니었던 사람이 없고, 왕년에 황소 한 마리 넘어뜨리지 못한 사람이 없습니다. 사람들은 왜 이렇게 '왕년'에 집착할까요? 전문가들은 그 이유가 현재에 만족하지 못하거나 미래를 두려워하기 때문이라고 말합니다.

과거는 누구에게나 아름다운 시절입니다. 지금보다 건강했고, 지금보다 의욕이 넘쳤고, 지금보다 젊었습니다. 그러나 돌아올 수 없는 시절과 지금을 비교하며 '왕년에'를 늘어놓는다면 현재에 충실할 수 없고 미래를 꿈꿀 수가 없습니다.

'과거에 내가 얼마나 잘 나갔는데 이런 일을 하란 말이야?'

'과거에는 내가 이렇게 살 줄 몰랐는데 사람 인생 참 알 수 없네.'

이런 생각과 내 미래를 바꾸시겠습니까?

과거는 잠깐 추억하는 것으로 충분합니다. 화려했던 과거든 슬픈 과거든 거기에서 빠져나와 현재와 미래를 가꿔야 할 것입니다.

39

새롭게 이루고자 하는
인생의 목표를 세우고
정진하겠습니다

"세계 신기록입니다! 지금까지 에베레스트 산에 오른 산악인 가운데 미우라 유이치로 씨가 최고령입니다."

2013년 일본인 미우라 유이치로는 세계의 뉴스를 장식했습니다. 80세의 나이로 인간이 걸어서 올라갈 수 있는 가장 높은 곳에 올랐기 때문입니다.

물론 어느 날 갑자기 에베레스트 산에 오를 수 있었던 것은 아닙니다. 미우라는 젊었을 때 운동 선수였습니다. 산악인이었고, 스키 선수로도 활약했습니다. 그러나 60세가 되었을 때 미우라는 운동과는 거리가 먼 생활을 하고 있었습니다.

'운동은 젊어서 할 만큼 했어. 이젠 실컷 먹고 마시고 놀 거야.'

어느새 뚱보가 되어 버린 미우라는 병원에서 충격적인 소리를 들었습니다.

"온갖 성인병을 달고 계시는군요. 살이 너무 쪘어요. 운동을 하세요."

미우라는 생각이 많아졌습니다.

'60세면 살 만큼 살았다고 생각했는데 병에 걸려서 죽게 된다면 억울

한 걸. 좀 더 멋진 인생을 만들어 봐야겠어. 대학생 때 꿈이었던 에베레스트 산 등반을 해볼까?'

미우라는 꿈을 이루기 위해 운동을 시작했습니다. 처음에는 그저 걷기만 했습니다. 발목에 무거운 것을 매달고 꾸준히 걸었습니다. 머지않아 효과가 나타났고 10년 뒤에는 놀라운 소리를 들었습니다.

"신체 나이가 40세예요. 70세에 신체 나이가 40세라니 대단해요."

바로 그해에 미우라는 에베레스트 산 등반에 도전해서 보기 좋게 성공했습니다. 미우라는 5년 뒤 에베레스트 산에 다시 한 번 올랐습니다. 그리고 또 5년 뒤에는 세계 최고령 등반이라는 신기록을 세웠습니다.

우리는 미우라처럼 인생의 목표를 세워서 실천하고 있나요?

'이 나이에 뭔 인생의 목표? 그저 하루하루 성실하게 살아가는 것으로 만족해야지.'

이런 생각을 하는 건 아닌가요? 인생의 목표는 언제 어느 때 세워도

늦거나 빠르지 않습니다. 미우라처럼 목표를 거창하게 세울 필요도 없습니다. 날마다 일기 쓰기, 자서전 써 보기, 전시회 열어 보기, 가고 싶었던 곳 여행 가기처럼 쉽게 이룰 수 있는 목표를 세워 보십시오. 그 목표를 향해 가는 자기 모습이 자랑스럽지 않을까요?

40

타인의 보살핌을 바라지 않고
내 삶을 스스로 결정하고
책임지겠습니다

어르신 세대는 허리띠를 졸라매고, 앞만 보고 달리느라 노년을 준비할 시간이 없었습니다. 그리고 지금은 옛날처럼 자식의 봉양을 바랄 수 있는 시대도 아닙니다. 시대가 변했다는 것을 알지만 그래도 서운한 마음은 어쩔 수 없습니다.

"자식 키워 봐야 다 소용없어. 저희들 살 궁리만 하고."

그러나 자식들도 이유는 있습니다.

"지금이 옛날하고 같은 줄 아세요? 옛날에는 부지런하면 성공할 수 있지만 지금은 아니라고요. 부부 둘이 밤낮으로 벌어도 먹고 살기가 힘들어요."

틀린 말은 아닙니다. 겉으로야 풍족해졌지만 여전히 허리띠를 바짝 졸라매야 살 수 있습니다. 옛날이 힘든 때였다면, 지금은 지금대로 또 힘든 시절입니다. 그러니 시대가 달라진 것을 한탄하지 말고, 이젠 자식 중심에서 부부 중심으로 삶의 방향을 바꾸어 봐도 좋겠습니다.

물론 부부 중심의 삶을 만들려면 노력해야 할 것이 있습니다. 어르신 세대의 남성들이 마나님에게 꼭 하는 소리가 있습니다.

"밥 줘!"

마나님은 투덜댑니다.

"어휴, 자기는 손 뒀다 뭐해? 그 손으로 밥은 먹으면서 어째서 밥은 못 차려?"

부부 중심의 삶을 꾸리려면 남녀 관계가 좀 더 평등해져야 합니다.

여성들도 준비해야 할 일이 있습니다. 할 수 있으면 경제 활동을 비롯한 사회 활동에 적극적으로 나서야 하고, 자기 건강도 좀 더 잘 챙겨야 합니다. 어떤 연구 결과에 보니 여자들은 남자들보다 더 건강에 자신이 없다고 합니다.

자식들의 도움을 얻어 집안 환경을 안전하게 바꾸는 것도 좋습니다. 문턱, 날카로운 모서리, 미끄러운 바닥을 개선하면 안전사고를 줄일 수 있습니다.

41

가정과 사회에서
내 역할이 바뀌는 것을
마음 편히 받아들이겠습니다

조선 시대에는 집안에 며느리가 들어오면 시어머니는 살림을 잘 가르친 뒤에 곳간 열쇠를 물려주었습니다. 종가집이어서 사당이 있다면 사당 열쇠도 함께 물려주었습니다. 집안일을 며느리에게 모두 맡긴다는 뜻입니다. 곳간 열쇠를 물려줄 때 시어머니는 안방도 함께 물려주었습니다. 안동 지역에서는 살림을 물려주며 방을 바꾸는 것을 '안방 물림'이라고 했습니다.

안방물림을 하는 나이가 딱히 정해진 것은 아니었습니다. 환갑을 전후로 물려주는 경우가 가장 많았지만 집안마다 사정이 달랐습니다. 아들을 낳으면 물려주는 집안도 있었고, 시댁 가풍에 익숙해지면 물려주는 집안도 있었습니다.

열쇠를 물려주고 안방을 내어 준다는 것은 큰 사건입니다. 살림살이에서 은퇴하는 일일 뿐만 아니라 며느리를 어른으로 생각하고 모든 결정을 맡기겠다는 의미입니다. 재산과 권력을 모두 준다는 뜻입니다.

여자들이 안방물림을 할 때 남자들도 방을 바꾸는 일이 더러 있었습니다. 아버지가 아들에게 큰 사랑방을 물려주고 작은 사랑방으로 옮기는

것입니다. 아버지 역시 권위를 내려놓고 모든 결정을 아들에게 맡기겠다는 뜻입니다.

조선 시대 사람들이 사랑방 물림과 안방 물림을 했듯이 어르신 세대도 가정이나 사회에서 자리를 물려줄 때가 올 것입니다. 이때 내 역할이 줄었다고 위축되기보다 책임감에서 벗어나 어깨가 가벼워졌다고 생각하면 어떨까 싶습니다.

42

분수에 맞는 검소한 생활 속에서
소박한 즐거움을 찾겠습니다

김소운 수필가의 「가난한 날의 행복」이라는 글이 있습니다. 가난한 신혼부부의 이야기를 소재로 쓴 수필입니다. 내용을 간단히 정리해 보겠습니다.

남편은 실직하고 아내는 출근을 하는 어느 가난한 신혼부부가 있습니다. 아침에 쌀이 떨어져 굶고 출근하는 아내에게 남편은 어떻게든 쌀을 구해 점심을 해놓을 테니 그 시간에 집으로 오라고 말합니다. 아내가 집에 와 보니 남편은 없고 신문지로 덮인 밥상만 놓여 있습니다. 신문지를 걷으니 따뜻한 밥 한 그릇과 간장 한 종지가 다입니다. 그 옆에는 남편이 쓴 편지가 놓여 있었습니다.

"왕후의 밥, 걸인의 찬. 이걸로 우선 시장기만 속여 두오."

아내는 왕후가 된 것보다 행복합니다. 비록 가난했지만 만금을 주고도 살 수 없는 행복이었습니다. 수필가는 두어 사람의 이야기를 더 소개한 뒤에 행복은 반드시 부와 일치하지 않는다는 말로 글을 마무리합니다.

어르신 세대라면 거의 대부분 이런 가난을 경험했을 것입니다. 그때

불행하셨나요? 아닐 것입니다. 언젠가는 가난을 벗어날 수 있다는 희망이 더 컸을 테니까요.

이제 은퇴하고 고정적인 수입이 줄면 살림의 규모를 줄여야 할 일이 생깁니다. 어쩌면 도시를 벗어나 시골에 정착하는 어르신들도 많겠지요. 검소하고 소박한 생활로 다시 돌아가게 되는 것입니다. 그 소박한 생활에서 왕이나 왕후가 된 듯한 기쁨을 찾아보시기 바랍니다. 희망이 있는 가난한 시절이 행복했듯, 생활의 기쁨을 잃어 버리지 않는다면 살림이 간단해도 행복은 더 커질 것입니다.

43

체면이나 남의 시선에
얽매이지 않겠습니다

날씨가 아무리 더워도 버선을 벗지 말며, 밥을 먹을 때에도 맨상투 바람으로 먹지 말아야 한다. 밥을 먹을 때에는 국부터 먼저 마시지 말고, 마시더라도 훌쩍거리며 넘기는 소리를 내지 말아야 한다. 젓가락을 자주 놀리지 말고, 생파를 씹지 말아야 한다.

이게 무슨 소리냐면 바로 조선 시대의 양반이 하지 말아야 할 일들입니다. 조선 후기의 실학자인 연암 박지원의 「양반전」에 나오는 이 구절은 어느 고을의 사또가 돈을 주고 양반 신분을 사려는 부자에게 양반이 하면 안 되는 일을 알려 주는 부분입니다. 사또의 이야기를 다 들은 부자는 꽁무니를 뺍니다. 체면만 차리는 양반 따위는 필요 없다는 말을 남기고 말입니다.

박지원은 이 소설을 통해 체면만 차리는 양반들을 비판했습니다. "양반은 곁불을 쬐지 않는다."거나 "냉수 마시고 이 쑤신다."는 말도 실속 없이 체면만 차리는 양반을 풍자한 속담입니다.

그런데 체면 차리기가 조선 시대만의 이야기일까요? 시대가 바뀌었지

만 체면을 중요하게 생각하는 문화는 아직도 남아 있습니다. 남에게 보여 주기 위해 분수에 맞지 않는 일을 하거나 간소하게 해도 될 일을 크게 벌입니다. 특히 집안의 결혼식이나 장례식과 같은 의례에서 이런 일이 흔하게 벌어집니다. 일생에 한 번뿐인 데다 체면이 있으니 남들만큼 해야 한다고 생각하기 때문입니다.

과연 체면이 실속만큼 중요한 것일까요? 남의 눈에 그럴듯하게 보이는 일이 자기 행복보다 더 중요한 것입니까? 남의 시선을 의식하면 모든 것이 부족하게 느껴지지만 실속을 챙기면 만족이 따라옵니다.

44

나의 행복과 발전을 위해
시간과 노력을
아끼지 않겠습니다

논에 들에
할 일도 많은데
공부시간이라고
일도 놓고
헛둥지둥 왔는데
시를 쓰라 하네
시가 뭐고
나는 시금치씨
배추씨만 아는데

"시가 뭐고"라는 제목의 시입니다. 시를 쓴 작가는 경북 칠곡에 사는 소화자 할머니입니다. 할머니는 한글을 읽을 줄 몰라 이웃들과 함께 한글을 배우며 수업 시간에 시를 썼습니다. 이때 할머니들이 쓴 시는 버리기가 너무 아까워 시집으로 나왔습니다. "시가 뭐고"는 그 책의 제목이기도 합니다.

한글을 배우는 1년 사이에 쓴 시라 맞춤법도 더러 틀립니다. "기부니 조타", "다 예뿌다" 같은 시 제목도 보입니다. 그런데도 이 시집은 나오자마자 뜨거운 반응을 불러일으켰습니다. 어르신들의 순박한 마음과 소박한 삶이 시에 고스란히 들어 있었기 때문입니다.

할머니 시인들은 이곳저곳 다니며 시 낭송회를 열고 시인으로서 기쁨을 누렸습니다. 평생 까막눈으로 살다 글자를 읽게 된 것도 좋은데, 시집까지 내고 시인 소리를 들으니 할머니들은 인생이 값지고 보람차다며 좋아했습니다.

소화자 할머니가 쓴 「시가 뭐고」에서 엿볼 수 있듯이 할머니들은 일 때문에 바쁜 중에도 달려와서 한글 공부를 한 모양입니다. 한글 공부도 어려운데 시까지 쓰라고 하니 내키지 않았을지도 모릅니다. 그래도 할머니들은 연필 꾹꾹 눌러 비뚤배뚤한 글씨로 시를 썼을 것입니다.

만약 바쁘다는 이유로 시간과 노력을 들이지 않았다면, 할머니들은 시인이라는 인생의 보람을 얻지 못했을 것입니다. 그리고 사람들도 이렇게 멋진 시를 만나는 행운은 누리지 못했을 것입니다.

45

내게 주어지는 작은 일도
즐겁게 몰입하며
의미를 찾겠습니다

"일하는 황혼이 아름답습니다."

"어르신이 일하시는 게 정말 보기 좋아요."

사회에서는 이런 말을 많이 합니다. 일하기보다는 쉬고 싶어 하는 어르신도 있겠지만, 문제는 일하고 싶어 하는 어르신을 위한 일자리가 없다는 것입니다. 일하기를 원하는 어르신은 많은데 자리는 턱없이 부족합니다. 더군다나 일을 하면 경제적인 이득이 같이 와야 하는데 지금은 소일거리 수준의 일감이 많습니다.

하지만 기대에 다소 미치지 못하더라도 몰입하며 즐겁게 일하는 게 우선입니다. 책임감과 성실함은 당연하고 일터에서의 인간관계도 신경 써야 합니다. 어르신들을 채용했더니 결과가 좋더라는 평가를 받아야 앞으로 일자리가 더욱 늘어날 테니 말입니다.

어르신 세대는 대부분 책임감이 강하고 문제 해결 능력도 뛰어나므로 앞으로 사회의 인식은 점점 개선될 것입니다. 어르신들의 일자리 여건이 좋아지기를 기대합니다.

46

인생을 가치 있게 만들어 주는
좋은 벗들과
진실하게 사귀겠습니다

『논어』에 나오는 글입니다.

공자께서 말씀하셨다.

"유익한 벗에 세 종류가 있고 해로운 벗에도 세 종류가 있다. 정직
한 사람, 독실한 사람, 박식한 사람과 벗을 하면 유익하다. 책임을
회피하는 사람, 반대를 하지 않는 사람, 말만 그럴듯하게 잘하는
사람과 벗을 하면 해롭다."

여기서 나온 말이 바로 '익자삼우(益者三友) 손자삼우(損者三友)'입니다.
불교에서는 같은 길을 걷는 친구를 도반이라고 합니다. 깨달음을 향해
함께 가는 소중한 벗입니다. 부처님도 좋은 벗에 대한 가르침을 주셨
습니다.
어느 날 아난다 존자가 부처님께 예의를 갖추고 말했습니다.
"세존이시여. 저는 선지식과 훌륭한 도반이 수행의 절반을 차지한다고
생각합니다."

"아난다여. 깨끗하고 맑은 수행을 하는 데 있어 선지식과 훌륭한 도반은 절반이 아니라 전부이다."

선지식과 좋은 친구가 수행의 절반이라는 아난다의 말에 부처님은 절반이 아니라 절대적이라고 말씀하신 것입니다. 훌륭한 도반을 따라가는 것 자체가 수행이라는 말입니다.

인생을 가치 있게 만들어 주는 좋은 도반을 가려 사귈 수 있는 안목을 키워야 합니다. 그리고 우리 역시 누군가를 진리로 밝혀 주는 좋은 도반이 되어야 합니다.

· 5장 ·

지금에 감사하며 인생을
아름답게 마무리하겠습니다

47

언제나 겸손하고
사리 밝은 사람으로
나이 들어가겠습니다

"나는 부처님의 동생이야. 당신들과는 신분이 다르다고."

부처님의 이복동생이었던 난다는 출가하여 비구가 되었습니다. 그러나 왕족 출신이라며 옷과 발우도 새것만을 고집했고, 부처님과 친척이라는 인연을 내세워 스스로 높은 체하며 다른 사람을 깔보았습니다. 어느 날 부처님이 난다를 불렀습니다.

"네가 정말 나와의 친분을 내세워 다른 비구들에게 교만하게 굴었느냐?"

난다는 그런 적이 있노라고 사실대로 대답했습니다.

"앞으로는 그러지 마라. 너는 마땅히 누더기 옷을 입고 수행해야 한다. 내 아우라면 남들보다 더 열심히 수행해야 하지 않겠느냐? 난다야. 내가 언제쯤 네가 달라진 것을 볼 수 있겠느냐?"

부처님의 자애로운 말씀을 듣고 난다는 부끄러움을 느꼈습니다.

고종사촌인 질사도 부처님을 따라 출가하였습니다. 질사는 말이 많았고 다른 비구들에게 화를 잘 냈습니다. 부처님은 질사 비구를 불러 더욱 겸손하고 다른 사람을 존중하라 일렀습니다. 모두들 부처님의 말씀

을 잘 따라 훌륭한 경지에 올랐습니다.

인품이란 드러내려 하지 않아도 남들이 먼저 알아봅니다. 가진 것이 많고 아는 것이 많다면 더 겸손해야 합니다. 잘난 체 하면 사람들은 잘난 것을 알아주지 않지만, 겸손하면 그 인품을 알아줍니다.

48

남에게 인정받는 삶보다 스스로 만족하는 삶을 살겠습니다

권정생은 우리나라에서 가장 독자가 많은 동화 작가입니다. 작가가 쓴 「강아지똥」이라는 동화는 하찮은 똥 덩어리가 민들레꽃을 피우는 거름이 되는 과정을 이야기하면서 이 세상에 쓸모없는 것은 하나도 없다는 가르침을 줍니다.

권정생은 젊어서부터 결핵에 시달리는 등 병을 껴안고 살았습니다. 동화 작가가 되기 전까지는 시골 교회의 종지기로 일했습니다. 그러다 30세 무렵에 「강아지똥」을 써 작가가 되었습니다.

책은 독자들의 사랑을 받았고, 책이 잘 팔려 먹고살 만해졌지만 권정생은 좋은 집을 욕심내지 않았습니다. 큰 병원에 다니며 치료를 하는 것도 내켜 하지 않았습니다. 권정생은 안동 시골의 5평짜리 좁은 집에 살았습니다. 마을과 떨어져 있고 전기도 들어오지 않고 풀이 무성해서 도깨비 집 같았습니다. 사람들이 놀려도 신경쓰지 않았습니다.

"내 몫 이상을 쓰는 것은 남의 것을 빼앗는 짓이여."

이렇게 말하며 평생을 검소하게 살았습니다. 권정생 작가가 유명을 달리했을 때 통장에는 수억 원이 남아 있었습니다. 권정생은 그 돈을 어

린이를 위해 써 달라고 유언을 남겼습니다. 어린이 덕분에 번 돈이니 어린이에게 쓰는 게 당연하다는 것이었습니다.

남에게 인정받는 삶 대신 스스로 만족하며 검소하게 살았던 권정생은 성자라는 별명을 얻었습니다. 그리고 지금도 많은 사람의 존경을 받고 있습니다.

큰돈을 갖고 보란듯이 살 수 있었지만 권정생은 그렇게 하지 않았습니다. 초라한 집에 살면서도 부족함이 없었고 그렇게 사는 것에 만족했습니다.

우리는 삶의 기준을 어디에 두고 있나요? 남의 눈인가요? 나의 만족인가요?

49

살아 있는 오늘에 감사하며
하루하루를 기쁨으로
채워 가겠습니다

'카르페 디엠(carpe diem)'.

혹시 이런 말을 들어 보셨나요? '지금 이 순간을 즐겨라'는 뜻의 라틴 어입니다. 고대 로마 시대의 시인이 쓴 시의 한 구절입니다. 1980년대 말에 큰 인기를 끈 영화의 주인공이 이 말을 해서 세계적으로 유명해 졌습니다.

"카르페 디엠. 오늘을 즐겨라. 소년들이여, 삶을 비상하게 만들어라." 주인공은 자기 제자인 고등학생들에게 이렇게 말했습니다. 그리고 이 말은 미국 영화 역사에 길이 남을 명대사 100개 가운데 하나로 꼽힙니다.

우리는 앞만 보고 달려왔습니다. 더 나은 미래를 위해 오늘의 고생쯤 은 참고 견딘 것이 바로 어르신들의 삶입니다. 물론 인생 전체를 놓고 보면 미래도 중요합니다. 미래를 위해 준비해야 앞으로의 인생이 편안 하고 보람 있을 테니까요.

문제는 앞만 생각하느라 현재를 희생하는 게 너무 익숙하다는 것입니 다. 그래서 뭐든지 '형편이 되면 다음에', '건강이 좋아지면 다음에' 하

면서 미루어만 왔습니다.

미래도 중요하지만 지금 현재가 행복해야 합니다. 날마다 감사한 마음
으로 즐겁고 기쁘게 오늘을 살아가기 바랍니다.

50

말과 행동과 생각을
언제나 젊고 활기차게
유지하겠습니다

"실제로 1959년이라고 생각해 보세요. 여러분 자신이 그 나이라고 생각하고 생활해 보는 겁니다."

1970년대 후반, 미국 하버드 대학교의 심리학 교수가 70~80대 어르신들을 시골 외딴집에 모아 놓고 이런 말을 했습니다. 1주일간 20년 전인 1959년인 것처럼 생활하는 실험이었습니다. 이름하여 시계 거꾸로 돌리기 실험.

사실처럼 느끼게 하려고 집도 1959년처럼 꾸며 놓았습니다. 텔레비전과 라디오에서는 그 당시의 프로그램이 흘러나왔고 여러 가지 물건도 1959년의 모습과 같았습니다.

"저는 이 실험이 여러분의 건강 상태를 1959년으로 되돌릴 것이라고 믿습니다."

그러나 참가자들은 믿지 못하는 분위기였습니다. 그럴 리가 없다며 어깨를 으쓱해 보이는 사람도 있었습니다. 그런데 얼마 지나지 않아 참가자들이 달라지기 시작했습니다. 1959년에 나왔던 영화나 책에 대한 이야기를 나누고, 1959년에 유행하던 노래를 부르면서 변화가 나타난

것입니다. 잘 움직이지 않던 사람들이 스스로 나서서 음식을 나르고, 밥을 먹고 나서는 뒷정리를 했습니다. 소극적이던 사람들이 적극적으로 변하면서 건강 상태도 달라졌습니다. 청력과 기억력이 좋아지고, 몸무게가 늘고, 손아귀 힘도 세졌습니다. 실험이 끝났을 때 참가자들은 모두 1주일 전보다 건강해져 있었습니다.

연구팀은 생각만으로 젊음을 되찾을 수 있다는 사실을 확인하고 이렇게 말합니다.

"우리를 위축시키는 생각, 스스로 만들어 둔 한계에서 벗어나는 일이 중요합니다."

51

나이 들면 찾아오는
심신의 변화를
인생의 과정으로
받아들이겠습니다

프랑스의 교사이자 작가인 다니엘 페낙이 쓴 『몸의 일기』라는 소설이 있습니다. 이름도, 직업도 알 수 없는 한 남자가 10대부터 80대까지 자기 몸이 어떻게 변해 가는지를 일기 형식으로 쓴 소설입니다.

주인공의 젊은 시절은 활기 넘칩니다. 얼굴도 잘생겼습니다. 그러나 중년이 된 어느 날부터 몸은 이상 신호를 보내기 시작합니다.

46세의 어느 날에는 광고판의 글씨가 보이지 않더니, 62세의 어느 날에는 신용카드의 비밀번호가 생각나지 않습니다. 67세의 어느 날은 소설을 읽느라 세 시간 가까이 앉아 있었더니 몸을 일으키기 힘들었습니다. 86세의 어느 날에는 보폭이 짧아지고 무릎은 굳은 것을 느낍니다.

이 책을 읽으면서 이런 생각이 들었습니다.

'아! 모두들 그렇구나.'

점점 기력이 떨어져 가는 몸의 변화도 비슷하고, 현기증이나 이명 같은 것이 왔을 때 느끼는 감정도 비슷합니다. 누구나 그렇게 나이 들어 갑니다.

그런데도 사람들은 나이 드는 것을 쉽게 인정하지 못합니다. 몸이 보내는 신호에 덜컥 겁을 내고, 젊게 보이려고 애를 씁니다. 그러나 나이 듦을 피할 수는 없습니다. 다만 좀 더 우아하게, 아름답게 나이 드는 방법을 배워 갈 수는 있겠지요.

52

나는 내 인생의 책임자로서
내 삶을 끝까지
아름답게 완성하겠습니다

1968년, 올림픽 마라톤 경기가 열렸던 멕시코시티 스타디움. 선수들이 결승선을 끊고 한참이 지났을 때, 한 흑인 선수가 다리를 절룩이며 들어섭니다. 결승선이 눈앞에 보이지만 힘껏 달리지 못하고 걷다가 달리기를 반복합니다. 이 선수의 이름은 존 스티브 아쿠와리. 탄자니아 대표 선수였습니다.

아쿠와리는 출발 신호가 울리고 선수들이 한꺼번에 출발할 때 옆 선수와 부딪쳐 부상을 입었습니다. 다리 부상이어서 의료진은 경기를 포기하라고 말했지만 아쿠와리는 붕대를 감고 뛰었습니다. 누가 보아도 꼴찌를 할 게 훤한데 아쿠와리는 아픈 다리를 이끌고 42.195킬로미터를 완주합니다.

한 기자가 물었습니다.

"어차피 꼴등인데 끝까지 달린 이유가 뭐죠?"

"내 조국은 출발만 하라고 나를 보낸 게 아닙니다. 마라톤에서 완주하라고 나를 여기 보냈습니다."

우리 역시 삶이라는 레이스에 참가한 마라톤 주자입니다. 더러는 빨리

결승선에 들어가고, 더러는 늦게 들어가기도 합니다. 더러는 쓰러지기도 하고 더러는 별 탈 없이 순탄하게 달리기도 합니다. 어떤 어려움이 있어도 모두 자기 몫의 레이스를 달려야 합니다. 아쿠와리가 완주하기 위해 마라톤 대회에 나갔듯이 우리도 인생이라는 레이스를 완주하기 위해 이 세상에 왔습니다.

53

내 삶은 나만의 것이 아니라 가족과 친지와 연결되어 있음을 기억하겠습니다

어느 날 부처님이 제자들과 길을 걷다 마른 뼈가 놓인 곳을 지나게 되었습니다. 부처님은 뼈를 향해 오체투지를 하며 절을 했습니다. 곁에 있던 제자 아난다가 합장하며 여쭈었습니다.

"세존께서는 우주의 큰 스승이며 어버이셔서 모든 사람이 공경하는 분입니다. 그런데 어떤 인연으로 마른 뼈에 절을 하시나이까?"

"아난다여. 너희들은 내 아끼는 제자이며 출가한 지도 오래 되었는데 앎이 아직 넓지 않구나. 이 뼈는 내 전생의 조상이거나 겹생의 부모일지도 모르니 공경을 표한 것이니라."

『부모은중경』에 나오는 이야기입니다.

윤회를 거듭하며 우리는 얼마나 많은 인연을 만났을까요? 인생이 외롭고 고독한 것 같아도 수많은 인연이 나를 둘러싸고 있습니다. 당장 주변만 살펴보아도 우리는 부모, 자손, 형제, 자매, 친척들과 연결되어 있습니다. 요즘이야 친척끼리 자주 왕래하지 못하지만 집안에 큰일이 있으면 가장 먼저 달려와 도움을 주는 사람들이 친척입니다.

우리는 수많은 인연을 맺고 영향을 주고받으며 살고 있습니다. 우리가

잘살아야 하는 이유가 여기 있습니다. 외로워하지 않아도 되는 이유가
여기 있습니다. 나의 삶은 수많은 인연과 연결되어 있습니다.

54

건강하고 행복한 내 인생이
주변 사람에게도 축복임을
잊지 않겠습니다

"선생님. 효가 무엇입니까?"

맹무백이 어느 날 공자에게 물었습니다.

"부모는 오직 자식이 병들까 그것만 걱정하신다."

공자는 건강한 것이 효도라고 말합니다.

공자의 제자 중에 맹의자가 있었는데 맹무백은 그의 큰아들입니다. 맹무백은 힘에 세고 성격이 거칠었다고 합니다. 공자는 맹무백이 힘만 믿다가 혹시 몸을 다칠까 염려하여 그에게 딱 맞는 맞춤형 대답을 한 것 같습니다.

그러나 이 말은 맹무백뿐 아니라 모든 사람에게 적용해도 별로 이상할 게 없습니다. 반대로 자식 세대가 아닌 부모님 세대에 적용할 수도 있습니다.

"자녀는 오직 부모님이 건강을 다치실까 그것만 걱정한다."

이렇게 말입니다.

집안에 아픈 사람이 있으면 온 가족이 걱정을 합니다. 병이 중한 환자라면 그 환자의 가족들도 매우 고통스럽습니다. 어르신 스스로 몸을

잘 살펴 건강을 지키는 일은 가족과 주변 사람 모두에게 축복임을 잊지 말아야 합니다.

55

삶이라는 아름다운 여행은
끝날 때가 있다는 것을
배우겠습니다

"한 달 전까지 나는 스스로 건강하다고 믿었습니다. 그것도 매우. 81세인 지금도 하루에 1마일을 헤엄칠 수 있습니다. 하지만 이제 운이 다했나 봅니다."

미국의 신경학 전문의인 올리버 색스는 작가로도 이름이 나 있습니다. 지난 2015년, 올리버는 말기 암 진단을 받고 신문에 이런 심경을 밝혀 사람들을 숙연하게 만들었습니다.

올리버는 시간이 얼마 남지 않았지만 살아 있다는 것을 강하게 느낀다며 사랑하는 이들에게 작별을 고하겠다고 말합니다. 이제 세상일은 미래 세대에 맡기겠다고 말합니다. 올리버의 마지막 말은 이렇습니다.

"두렵지 않다고 말할 수 없습니다. 그러나 고마운 마음이 더 큽니다. 나는 사랑했고, 사랑받았습니다. 많이 받았고 얼마간은 되돌려 주었습니다."

평생 남의 아픔을 보아 온 의사도 자신의 병 앞에서는 두렵다고 고백합니다. 그러나 담담하게 자기 인생에 감사를 표합니다.

부처님도 열반에 드시면서 헤어짐을 슬퍼하는 제자 아난다에게 이런

가르침을 주셨습니다.

"아난다여, 울지 마라. 내 항상 말하지 않았더냐. 사랑하고 마음에 맞는 사람일지라도 이별하는 것이 이 세상의 인연이다. 태어나고 생겨나는 모든 것은 사멸한다는 것을 알아야 한다. 그동안 나를 위해 수고가 많았다. 슬퍼 말고 더욱 정진하여라."

천상병 시인은 인생을 소풍이라고 표현했습니다. 소풍이 영원하면 좋겠지만 언젠가는 끝내야 하는 날이 옵니다. 그날을 자연스럽게 받아들일 수 있는 수행과 공부가 필요합니다.

56

언젠가 가까운 사람과의
이별이 찾아올 때
담담히 극복하겠습니다

월명은 또 일찍이 죽은 누이동생을 위해서 재를 올렸는데 향가를
지어 제사 지냈었다. 이때 갑자기 회오리바람이 일어나더니 지전
(紙錢)을 불어서 서쪽으로 날려 없어지게 했다. 향가는 이러하다.

생사의 길은
여기에 있으매 두려워지고
나는 갑니다 하는 말도
다 못하고 가 버렸는가.
어느 가을 이른 바람에
여기저기 떨어지는 잎처럼
한 가지에 나와 가지고
가는 것 모르누나
아아 미타찰에서 만나 볼 나는
도를 닦아 기다리련다.

『삼국유사』에 실려 있는 이 이야기는 「제망매가」라는 향가가 지어진 사연을 담고 있습니다. 「제망매가」는 신라 시대에 살았던 월명 스님이 죽은 누이의 영혼을 위로하며 지은 향가입니다.

「제망매가」에서도 알 수 있듯이 한 부모 밑에서 태어나고도 어디로 가는지, 언제 가는지 모르는 것이 인생입니다. 월명 스님은 언젠가 극락에서 누이를 만날 것이라 믿기에 불도를 닦으며 기다리겠다고 다짐합니다.

우리도 수많은 이별을 겪으며 삽니다. 형제자매나 친구, 친지와의 영원한 이별이 언제 닥쳐올 지 알 수 없습니다. 그러나 세상에 난 이상 떠나야 하는 것은 인간의 숙명입니다. 그리고 그 이별을 담담하게 이겨 내야 하는 것도 인간의 숙명입니다.

57

누구에게나 찾아오는 인생의 황혼을 품위 있고 지혜롭게 가꾸겠습니다

고대 로마의 정치가 중에 '키케로'라는 사람이 있습니다. 키케로는 60이 넘은 나이에 자기보다 나이 많은 친구에게 『노년의 즐거움』이라는 책을 써서 바쳤습니다. 아내와 이혼하고 딸까지 잃은 외로운 처지였지만 키케로는 자신감이 넘쳤던 것 같습니다.

키케로는 노년이 '일을 할 수 없고, 체력이 약해지며, 즐길 수도 없고, 죽음이 멀지 않은 나이'라는 데에 반대합니다.

노년이 되면 육체의 힘이나 재빠름으로 일을 하는 것이 아니라 사려 깊음과 판단력으로 일을 하는데 그게 더 중요하다고 말합니다.

노년에는 체력이 떨어질 수 있지만 정신적으로는 결코 그렇지 않다고 말합니다. 젊은이의 체력과 비교하지 말고 갖고 있는 힘에 맞춰 하고 싶은 것을 찾으면 된다는 것입니다.

노년이 즐길 수 없다는 것에 대해서도 반대합니다. 음식이 가득 쌓인 파티나 거창한 술자리보다는 조촐한 자리를 즐기면 된다는 것입니다. 더구나 욕망이나 야망 같은 것과의 전쟁을 끝내고 무언가를 배우거나 연구할 수 있으니 더 즐겁다고 합니다.

죽음이 멀지 않은 때가 노년이라는 것에 대해서도 키케로는 아니라고 말합니다. 나이에 상관없이 누구나 죽음과 마주보고 있는데, 노년은 오히려 장수를 누렸으니 더 행복하다는 것입니다.

키케로는 인생은 짧지만 영예롭게 살기에는 충분하다고 말합니다. 젊어서 이루어 놓은 것들을 기억하며 순리에 따르는 것이 인생이라는 것입니다.

봄과 여름이 지나면 가을이 옵니다. 인생에도 아름다운 가을이 옵니다. 심리학자들은 인생의 황혼기에 찾아오는 여러 가지 변화를 잘 받아들여야 한다고 말합니다. 받아들이고 적응하면 지난 삶이 만족스러워지며 지혜를 얻게 된다는 것입니다.

사회와의
관계

· 1장 ·

모든 세대와 끊임없이 이야기를 나누겠습니다

젊은 세대를 대할 때
나이와 권위를
앞세우지 않겠습니다

1980년대의 영화 가운데 〈시네마천국〉이라는 작품이 있습니다. 이 영화의 주인공 토토는 세상에서 영화가 전부인 소년입니다. 학교가 끝나면 마을 광장에 있는 '시네마천국'이라는 영화관으로 달려갑니다. 영화의 모든 것이 궁금한 토토는 몰래 영사실로 숨어 들어가기도 합니다. 그때마다 영사 기사인 알프레도 할아버지는 토토의 귀를 잡고 밖으로 끌어냅니다. 영사실이 아이가 있기에 좋은 곳은 아니라고 생각했기 때문에 한사코 내보낸 것이었습니다.

둘은 나이 차가 많이 남에도 불구하고 초등학교 졸업시험을 같이 보게 됩니다. 알프레도는 토토에게 답안지를 보여 달라 조르고, 토토는 영사 기술을 가르쳐 달라고 합니다. 선생님의 눈을 피해 두 사람은 비밀 약속을 합니다. 그 뒤로 토토와 알프레도는 세상에 둘도 없는 친구가 됩니다. 그리고 시네마천국의 영사실에서 나이를 초월한 아름다운 우정을 쌓아 갑니다.

우리나라만큼 나이를 따지는 나라도 없다고 합니다. 한두 살만 많아도 서열을 가리고 대접을 받으려 합니다. 어른들이 그러니 놀이터에서 만

난 꼬마들도 나이를 묻고 형님, 아우를 가립니다.

그러나 나이 따지기는 일제강점기 때 들어온 잘못된 문화라고 합니다. 조선 시대만 해도 어른을 공경하는 문화였지, 나이로 아래위를 나누는 문화는 아니었습니다. 오히려 위로 여덟 살, 아래로 여덟 살까지는 나이를 잊고 함께 어울릴 수 있는 벗, 즉 망년지우(忘年之友)라고 했습니다. 나이를 가리지 않고 함께 어울렸던 조상들의 뜻을 헤아려 보았으면 합니다.

59

우리 세대의 고생을 내세우며
대접받으려 하지 않겠습니다

영화 〈국제시장〉을 보셨나요? 1,400만 명이 넘는 관객들이 2014년에 개봉한 이 영화를 보고 감동했습니다. 영화는 부모님 세대의 고생과 희생을 고스란히 담아내었습니다. 6·25전쟁부터 1960년대 광부와 간호사 파독(派獨), 1970년대 베트남 파병, 1980년대 이산가족 찾기 등 우리 현대사의 굵직한 사건을 보여 줍니다.

영화의 마지막에 나오는 주인공 덕수 씨의 말은 모두의 가슴을 뭉클하게 만듭니다.

"이 힘든 세상 풍파를 우리 자식이 아니라 우리가 겪은 게 참 다행이라고…… 아버지! 나 약속 잘 지켰지요? 이만하면 잘 살았지요? 그런데 나 진짜 힘들었거든요."

고생도 힘들지만 그것을 몰라줄 때 서러움이 복받칠 수 있습니다. 그래서일까요?

"내가 너희들을 어떻게 키웠는데."

"이 나라가 누구 때문에 잘 살게 됐는데."

"너희들도 고생을 좀 해봐야 해."

이렇게 주장하는 어르신도 적지 않습니다. 혹시 진짜로 우리 세대의
고생을 후손들도 똑같이 경험해야 한다고 생각하시는 건 아니겠지요?
어르신 세대의 고생으로 지금의 풍요가 있다는 것은 젊은 사람들도 잘
알고 있습니다. 그리고 그 희생에 감사를 표합니다. 그러니 〈국제시장〉
같은 영화가 만들어진 것입니다. 그러나 그 고생을 떠받들어 주기를 바
라는 것은 시대에 맞지 않습니다. 시대를 풍요롭게 만들어 온 당당한 어
른으로 젊은 세대와 더불어 살아가는 아량이 필요합니다.

60

젊은 사람을 꾸짖거나 비난하지 않고 덕담으로 용기를 주겠습니다

라훌라는 부처님의 아들로 소년일 때 출가하여 사미가 되었습니다. 하지만 왕족인 데다 어릴 때 출가를 해서인지 말썽을 많이 부렸습니다. 심성이 거칠었고 거짓말도 아무렇지 않게 했습니다.

부처님이 어느 날 라훌라를 불렀습니다.

"대야에 물을 떠 와서 나의 발을 씻겨라."

발을 다 씻고 나자 부처님은 라훌라에게 이렇게 물어보셨습니다.

"이 대야의 물을 마시거나 양치질을 할 수 있겠느냐?"

"처음에는 깨끗했지만 발을 닦아 더러워졌으니 다시 쓸 수 없습니다."

"너도 그와 같다. 네가 비록 나의 아들이고 국왕의 손자라 해도 힘써 정진하지 않으면 마음에 독이 찬다. 더러운 물을 쓰지 못하듯 독이 찬 마음도 쓸 데가 없다. 그렇다면 라훌라야. 이 대야의 물을 비우고 음식을 담을 수 있겠느냐?"

"이미 대야라는 이름이 붙었기 때문에 음식 그릇으로 쓸 수 없습니다."

"너도 그러하니라. 네가 비록 내 제자가 되었지만 거짓말을 잘하고 심성이 억세다는 나쁜 이름이 났으니 좋은 데 쓰지 못하는 것과 같다."

라훌라는 부처님의 말씀을 듣고 자기 행동을 반성하며 수행에 힘썼습니다. 나중에는 큰 깨달음을 얻어 부처님의 10대 제자로 꼽힙니다.

부처님은 누구에게나 말씀으로 가르침을 주셨습니다. 다른 사람의 이야기를 예로 들며 알기 쉽게 가르치셨습니다. 부처님과 대화를 나눈 사람은 누구라도 잘못을 깨닫고 반성했습니다.

우리는 자식이나 젊은 사람을 대할 때 호되게 꾸짖거나 모진 말로 가르치지 않았는지 곰곰 생각해 볼 필요가 있습니다. 젊은이가 아니어도 비난의 소리를 좋아할 사람은 없습니다. 누군가에게 가르침을 주고 싶을 때는 듣기 좋은 말로 용기를 주며 말해야 합니다.

61

젊은 세대에게
복종과 희생을
강요하지 않겠습니다

3·1운동 때 민족 대표로 독립 선언을 했던 독립운동가이면서, 스님이고 시인인 만해 한용운은 「복종」이라는 시를 남겼습니다. 한 번 옮겨보겠습니다.

남들이 자유를 사랑한다지마는
나는 복종을 좋아하여요

자유를 모르는 것은 아니지만
당신에게는 복종만 하고 싶어요

복종하고 싶은데 복종하는 것은
아름다운 자유보다도 달콤합니다
그것이 나의 행복입니다

그러나 당신이 나더러

다른 사람을 복종하라면
그것만은 복종을 할 수가 없습니다

다른 사람을 복종하려면
당신에게 복종할 수 없는 까닭입니다

시인이 복종하는 '당신'은 조국 또는 부처님이라고 사람들은 해석합니다. 당연합니다. 부처님에 대한 믿음이나 조국에 대한 사랑이 아니고서야 복종을 자유보다 좋아하며 행복이라고 말할 사람은 없을 것입니다. 그렇기 때문에 일방적으로 누군가에게 복종을 강요한다면 그 사이는 언젠가 벌어지고 맙니다. 부부 사이도 그렇고, 가족 사이도 그렇고, 사회관계에서도 그렇습니다. 직장인들이 가장 싫어하는 상사는 무조건 복종을 강요하는 사람이라는 조사 결과도 있습니다. 이 세상에 아름다운 복종은 진리에 스스로 복종하는 경우를 빼고는 없다는 것을 잊지 말아야겠습니다.

62

세대 간의 환경과 가치관이
서로 다름을 인정하겠습니다

'전화를 걸지 못하는 세대'.

나이 지긋한 세대를 가리키는 말이 아닙니다. 1981년 이후에 태어나서 2000년대에 성인이 된 사람들을 가리키는 말입니다. 바로 이들이 전화를 걸지 못하는 세대라고 합니다.

스마트폰을 손에서 놓지 않는 사람들인데 전화를 걸지 못한다니 이상하게 들릴 겁니다. 그러나 실제로 이들은 전화 통화에 서투릅니다. 연락을 주고받을 때 문자로 하는 것을 훨씬 더 좋아하기 때문입니다. 전화를 걸지 못할 뿐 아니라 받는 것도 좋아하지 않습니다. 모르는 번호로 걸려 온 전화나 싫어하는 상대로부터 걸려 온 전화는 받지도 않습니다. 그래서 사회에서는 갈등이 벌어지기도 합니다.

"자네는 왜 전화를 안 받나? 이 일이 얼마나 바쁜지 몰라서 그래?"

나이 든 상사는 답답해 하지만 젊은 직원은 이렇게 대답합니다.

"메일이나 문자 메시지를 이용해 주세요."

사회에서뿐 아니라 가족 친지간에도 이런 일로 말이 납니다. 혼례나 상례 같은 경조사를 문자로 알렸다고 서운해 하는 경우입니다.

"이런 일을 문자만 보내고 마나? 얼굴을 보고 말하지는 못해도 전화로 해서 여차여차하다고 말을 해야지. 그게 윗사람에 대한 예의야."

그러나 젊은 사람들의 의견을 들어 보면 일리가 있습니다.

"공공장소에 있어서 통화하기가 어려웠습니다. 그런 곳에서는 문자가 에티켓입니다."

"전화는 한 번에 한 사람한테만 연락할 수 있지만 문자는 한꺼번에 여러 사람한테 보낼 수 있어서 시간 절약이 됩니다. 그리고 문자는 깜빡 잊거나 헷갈릴 일이 없어서 더 편리합니다."

일리 있는 말입니다. 젊은 사람들에게 문자는 더 효율적이고 예의를 지키는 방법입니다. 이것은 그들이 스스로 터득하여 만들어 낸 가치관입니다. 그 방법이 옳다 그르다 논쟁을 벌일 문제가 아니라 인정하고 받아들여야 할 문제인 것입니다.

63

젊은이들의 문화를
열린 마음으로
이해하고 받아들이겠습니다

60대 힙합 할아버지, 70대 팝핀 댄스 할아버지!

젊은이들 사이에서 이렇게 불리는 어르신들이 있습니다. 무슨 말인가 의아하지요? 힙합이니, 팝핀이니 하는 말이 무엇인지도 모르겠는데 그걸 한다니 말입니다.

힙합은 미국의 흑인들 사이에서 생겨난 음악입니다. 아주 빠른 말로 노래를 하면서 춤을 춥니다. 흑인들은 미국 사회에서 소외당하는 사람이기에 힙합은 그들의 억눌린 마음을 담고 있습니다. 노래라고는 하지만 속사포처럼 내뱉으면서 뭐라고 계속 중얼거리는데 무슨 말인지 알아듣기가 힘듭니다.

팝핀 댄스라는 것도 이해하기 어렵기는 마찬가지입니다. 관절을 꺾고 온몸을 튕겨 내듯이 춤을 추는데 마치 뼈 없는 연체동물의 움직임 같습니다. 춤이 아니라 관절을 망가뜨리는 일처럼 보입니다.

그런데 이해 못할 이 젊은이들의 문화에 도전장을 내민 어르신들이 있나 봅니다. 신문이나 텔레비전에 힙합 할아버지니, 팝핀 댄스 할아버지니 하는 기사가 심심치 않게 나옵니다. 젊은이들은 누구나 와, 하며

감탄합니다. 젊은이들의 문화에 동참하는 열린 마음에 응원을 보내는 것입니다.

젊은이의 낯선 문화를 도대체 뭐하는 짓이냐며 비판하기보다 열린 마음으로 이해하려고 애써 보는 건 어떨까 싶습니다. 관심을 보여 주면 젊은이들도 '멋진 어르신'이라며 지지를 보낼 것입니다.

64

새로운 것을 배우며
시대의 흐름에 맞춰
변화하고 발전하겠습니다

중국의 유교 경전 가운데 『서경』이라는 책이 있습니다. 중국 고대의 정치에 대해 기록한 책으로, 공자가 편찬했다고 전해집니다. '사서삼경(四書三經)'은 『논어』, 『맹자』, 『중용』, 『대학』의 사서와 『시경』, 『서경』, 『역경』(다른 말로 『주역』)의 삼경을 가리키는데, 삼경 가운데 하나가 『서경』입니다.

『서경』에 '불학장면 이사유번(不學牆面 莅事惟煩)'이라는 구절이 나옵니다. 우리말로 옮겨 보면 이런 뜻입니다.

> "배우지 않으면 벽을 바라보는 것 같아서 보이는 게 없으며,
> 일을 처리함이 더욱 번거로워질 뿐이다."

달마 대사는 9년 동안이나 벽을 보고 수도를 했다고 합니다. 자기 자신을 잘 들여다보기 위해서일 것입니다. 그러나 인간사에서 벽을 바라보기만 하면 다른 것은 아무것도 볼 수가 없습니다. 식견이 좁아지는 것입니다.

요즘은 배워야 할 것도 많고, 가르쳐 주는 곳도 많습니다. 스마트폰만 해도 사용법을 좀 더 익히면 얼마나 편리한지 모릅니다. 문화센터나 복지관에 가면 어르신을 위한 다양한 프로그램을 운영합니다. 꼭 무언가를 배우지 않더라도 자신을 성찰하며 마음을 닦거나 절에 가서 공양을 드리는 것도 모두 배움입니다.

젊은 세대의 실수나 시행착오를
너그러이 이해하고
포용하겠습니다

마윈이라는 중국 사람은 중국은 물론 세계에서도 손꼽히는 부자입니다. 마윈이 세운 '알리바바'라는 회사는 인터넷으로 중국 중소기업의 물건을 전 세계 기업에 판매합니다. 하지만 마윈은 젊어서 취업이 되지 않아 고생을 했습니다. 영어를 열심히 공부한 덕분에 영어 강사로 일했지만 수입은 별로 많지 않았습니다. 인터넷 시대가 올 것이라고 생각하고 일찌감치 인터넷 사업을 했지만 실패한 적도 있습니다. 컴퓨터를 제대로 다룰 줄 몰랐다고 하니 당연한 일인지도 모릅니다.

마윈은 강연이나 인터뷰가 있을 때마다 자신의 실수에 대해서 고백합니다.

"만약 제가 책을 쓴다면 제목은 '알리바바의 1001가지 실수'가 될 것입니다. 그만큼 저는 실수 투성이였습니다. 그러나 실수는 나의 큰 재산입니다."

마윈은 20대에는 실수를 많이 하라고 말합니다. 그런 다음에라야 한눈팔지 않고 일할 수 있고 노년에는 삶을 즐길 수 있다고 말입니다. 실수를 많이 하라는 건 시행착오를 겪으면서 자기만의 지혜와 방법을 터득

하라는 말입니다. 그건 젊은이들의 특권입니다.

우리는 젊은 사람들의 실수를 너그럽게 보아 넘겨주고 있나요? 사회뿐 아니라 가정에서의 경우도 마찬가지입니다. 젊은 세대는 육아나 살림이 서툴러 실수를 많이 합니다.

"애를 왜 그렇게 안니?"

"아이 목욕을 왜 그렇게 시켜?"

"살림을 어떻게 하는 거니?"

이렇게 일일이 간섭하며 내 방식대로 끌어가려고만 하는 것은 아니겠지요? 젊은 사람들이 하는 것이 아슬아슬하고 답답하겠지만 부족한 것이 있다면 스스로가 경험을 통해 익혀야 합니다. 만약 어른들이 일일이 간섭하려 든다면 사이도 나빠질 뿐 아니라 젊은이들은 지혜를 쌓을 겨를이 없습니다. 젊은이들의 실수와 시행착오는 그들의 특권이니 너그럽게 지켜봐 주어야 합니다.

66

미래 세대가 마음 놓고
활동할 수 있도록
믿어 주고 성원하겠습니다

우리나라 사람은 모임 만들기를 참 좋아합니다. 사회 교육 기관에서 잠깐 동안 만나는 사이여도 회장을 뽑고, 총무를 뽑고, 연락처를 교환합니다. 어르신들도 사회 활동이 많아지면서 이런 모임, 저런 모임에 참가할 일이 많아집니다. 그러다 보면 자연스레 나이 어린 회장도 만나게 되고, 나와는 성격이 판이하게 다른 회장도 만나게 됩니다.

젊은 사람들이 똑똑하니 대개는 자기 일을 제대로 하겠지만, 더러는 경험이 부족해서 일 처리가 마음에 들지 않을 때도 있습니다. 큰 실수라도 저지르면 어르신들의 불만이 한꺼번에 터집니다.

"지난번에도 아무 말 안 하고 넘어갔는데 말이야."

"이건 처음부터 잘못한 일이야."

"젊어서 잘 모르는 것 같은데."

이런 말로 충고를 하시다가 급기야는 다른 모임과 비교를 합니다.

"다른 데서는 일 처리를 이렇게 엉터리로 안 해!"

그렇게 되면 그동안 즐거웠던 일은 싹 사라지고 분위기는 얼어붙고 맙니다.

경험이 부족해 다소 서툴러도 크게 잘못된 것이 아니라면 그냥 맡겨 주는 것도 미덕입니다. 잘못된 방향으로 나아가고 있어서 충고가 필요하다고 생각할 때는 공개적으로 비판하기보다 조용히 일러 주는 건 어떨까요?

67

어린 사람도
나와 똑같은 인격체이므로
늘 존중하겠습니다

조선 시대를 대표하는 학자이자 천원권 화폐의 모델인 퇴계 이황은 나이 어린 제자들과 학문에 대해서 논의하기를 즐겼습니다.

어느 날, 기대승이라는 젊은 선비가 이황에게 편지를 보내 왔습니다. 기대승은 이황의 학설에 문제가 있다고 지적했습니다. 그 이후로 두 사람은 8년 동안이나 편지로 논쟁을 벌였습니다. 결론이 나지는 않았지만 이황은 기대승의 이야기를 듣고 자기의 주장을 조금 고쳤습니다. 이황과 기대승은 나이 차이가 26세나 났습니다. 이황이 기대승보다 26세가 더 많았지요. 하지만 당대의 최고 선비로 존경받던 이황은 기대승의 당돌한 주장에도 전혀 불쾌해 하지 않고 토론을 이어갔을 뿐 아니라 한 번도 반말을 하지 않았다고 합니다.

율곡 이이와도 마찬가지입니다. 이이는 이황보다 35세나 어렸습니다. 조선 시대에 35세 차이면 할아버지와 손자 사이일 수도 있는 나이입니다. 그러나 이황은 기대승 때와 마찬가지로 편지를 통해 토론을 이어갔으며 한 번도 반말을 하지 않았습니다.

우리나라는 형제간에도 '～하시게'와 같은 말을 쓰며 존중했다고 합니

다. 그러나 어느새 존중 문화는 사라지고 나이가 많은 사람이 어린 사람에게 하대하는 것을 당연하게 생각합니다. 이를 당연하게 여기는 태도에 상대방에 대한 배려나 존중하는 마음이 있을 리가 없습니다.

일제강점기에 어린이날을 만든 방정환은 어린이도 어른과 같은 인격체라며 이렇게 말했습니다.

"어린이들을 내려다보시지 마시고 쳐다보아 주십시오. 어린이에게 경어를 쓰되 늘 보드랍게 해주십시오."

어린이를 모든 사람으로 바꾸어서 소리 내 읽어 보아 주십시오.

2장

의지할 수 있는
어른이 되겠습니다

68

바른 말과 행동으로
모범을 보여
존경받는 어른이 되겠습니다

흉년에는 땅을 사지 마라. 사방 백 리 안에 굶어 죽는 사람이 없도
록 해라. 손님을 후히 대접하라. 아무리 풍년이 들어도 소작료로
만 석 이상의 재산을 쌓지 마라.

경주 최 부자 집의 가훈입니다. 조선 시대부터 500년 동안 부자 소리를
들으며 사회적 책임을 다해 온 가문입니다.

경주 최 부자 집은 당시는 물론 지금까지도 존경을 받고 있습니다. 최
부자 집이 오랜 세월 동안 존경을 받는 이유는 부자이기 때문이 아닙
니다. 세상에 부자는 많지만 모두 존경을 받는 것은 아닙니다. 오히려
비난을 받는 경우가 많습니다. 하지만 최 부자 집은 나눔을 실천했습
니다. 사람을 존중했습니다.

가문 사람 가운데 최진립이라는 분이 있습니다. 최진립 장군은 무과에
급제하여 임진왜란에 참가해 공을 세웠습니다. 병자호란 때도 참가했
지만 그 전쟁에서 그만 전사하고 말았습니다. 그때 집안 노비인 옥동
과 기별은 장가도 들지 않은 총각으로 최진립을 보좌하다가 함께 전사

했습니다. 집안에서는 옥동과 기별의 제사를 함께 지냈습니다. 사람들이 노비의 제사를 지낸다며 흉보았지만 못 들은 척했습니다. 이런 실천적인 모습 때문에 최 부자 집이 존경받는 것입니다.

어르신들은 젊은이들이 어른을 존경할 줄 모른다고 말합니다. 그러나 젊은이들은 존경할 만한 어른이 없다고 말합니다. 존경은 강요하거나 가르칠 수 있는 것이 아닙니다. 말과 행동이 바른 사람을 보면 저절로 우러나오는 것이 존경입니다. 가정과 사회에서 존경받는 어르신이 좀 더 많이 나와야 할 것입니다.

우리에겐
좋은 사회를 만들어야 할
책임이 있음을 명심하겠습니다

"다른 부모님들처럼 엄마, 아빠도 네가 더 나은 세상에서 자라기를 바란다. 뉴스에는 온갖 나쁜 이야기가 나오지만 세상은 더 나아지고 있어. 모든 분야에서 더 나아질 거야. 엄마, 아빠가 좋은 세상을 만들기 위해 최선을 다할게. 엄마, 아빠가 너를 사랑해서이기도 하지만 너와 같이 자라날 모든 아이들에게 책임을 느끼기 때문이란다."

지난 2015년 미국의 기업가 마크 저커버그가 딸에게 쓴 편지입니다. 딸이 태어난 지 2주가 지난 뒤의 일입니다. 저커버그는 20대에 '페이스북'이라는 인터넷 기업을 세워 큰 부자가 된 사람입니다. 그가 갓난아기인 딸에게 편지를 쓴 이유는 이렇습니다.

"엄마, 아빠는 살아 있는 동안 페이스북 지분의 99퍼센트를 기부할 거야. 다른 사람들의 노력에 비하면 작은 기여지만 많은 사람들과 뜻을 함께하고 싶어."

저커버그는 전 세계의 가난을 없애고, 사람들이 기본적인 의료 혜택을 받고, 사회의 약자들이 행복하게 살 수 있는 세상을 만들고 싶다고 했습니다.

이 편지가 알려지자 전 세계 사람들은 깜짝 놀랐습니다. 저커버그는 세계적인 부자라 그가 내놓을 돈이 얼마나 되는지 따지기 바빴습니다. 그러나 돈보다는 '다음 세대의 행복'을 생각하는 마음을 더 귀하게 보아야 합니다. 내 딸만 귀한 게 아니라 딸과 함께 세상을 살아갈 모든 아이들을 생각하는 부모의 마음을 귀하게 보아야 합니다.

사회적 책임이라는 말이 있습니다. 그러나 저커버그와 같은 부자나 정치인에게만 사회적 책임이 있는 것은 아닙니다. 우리에게도 우리의 자손들이 살아갈 사회를 더 좋게 만들어야 할 사회적 책임이 있습니다. 봉사를 하고 기부를 하라는 말이 아닙니다. 나만 생각할 것이 아니라 우리 모두를 생각해야 한다는 말입니다. 어떻게 하면 사회가 더 좋아질지, 우리 세대가 사회를 위해 해야 할 일이 무언지를 고민해야 합니다.

70

기성세대의 실수나 잘못은
나부터 고쳐 나가겠습니다

우리나라는 전쟁으로 산업 시설이 잿더미가 된 폐허 위에서 빠른 경제 성장을 이루었습니다. 국제 사회의 원조를 받던 가난한 나라에서 가장 빨리 잘사는 나라가 되었습니다.

그러나 물질적 풍요를 일구느라 앞만 보고 달려온 사이에 여러 사회 문제가 생겨났습니다. 직위나 나이로 위아래를 구분하는 문화, 지나치게 긴 노동 시간, 물질만능주의, 지나친 경쟁의식 등입니다. 그 밖에도 잘못된 문화를 고치지 못하고 많이 끌어안고 있습니다. 잘못된 음주 문화나 지역주의와 학벌주의, 성차별 등등.

잘못된 점이 있다면 고쳐야 합니다. 여론을 만들어서 무엇이 잘못인지 따져 보고, 어떻게 고쳐야 하는지 고민해야 합니다. 그런데 우리는 그런 시간을 갖지 못했습니다. 그러다 보니 그 피해는 고스란히 젊은 사람들의 몫이 되었습니다.

기성세대의 잘못으로 젊은이들이 피해 입는 것을 보면 독일의 전설인 '피리 부는 사나이'가 떠오릅니다. 마을의 골칫거리였던 쥐떼를 없애 준 피리 부는 사나이에게 마을 어른들은 약속한 돈을 지불하지 않습니

다. 화가 난 사나이는 피리를 불어 아이들을 불러 모은 뒤, 그 아이들을 데리고 어디론가 사라집니다. 욕심 많은 어른들 때문에 어린이들이 큰 피해를 본 것입니다.

우리 사회를 멍들게 하는 잘못된 문화는 우리가 먼저 고쳐 나가야 합니다. 어르신들이 먼저 고민하고 사회를 살려야 미래에 희망이 있습니다.

71

우리 사회의 약한 사람들을
배려하고 보호하겠습니다

'어린이를 구하자.'

인도에 있는 어느 단체의 이름입니다. 이름에서 알 수 있듯이 어린이를 보호하는 일에 앞장서고 있습니다. 단체를 이끄는 사티아르티는 어린 시절 가난 때문에 학교에 못 가는 또래 친구들을 보고 충격을 받았습니다. 그때부터 어린이를 위해 무슨 일을 해야겠다고 생각했습니다. 가난한 친구의 수업료를 대신 내 주거나 교과서를 모아 주었습니다. 어린이 권리 지키기에 본격적으로 나선 것은 대학을 졸업한 26세 때부터입니다.

우리나라에서는 찾아보기 어렵지만 인도, 네팔, 방글라데시 등 남아시아 국가나 아프리카에는 '아동 노동'이 있습니다. 어린이들이 낮은 임금을 받고 위험한 일을 하는 것입니다. 그 가운데 어떤 어린이는 '노예' 상태이기도 합니다.

사티아르티는 아동 노동과 아동 노예를 막는 운동을 펼쳤습니다.

"전 세계 여러분! 카펫을 살 때 아동 노동으로 만들지 않은 공정한 제품을 사세요!"

"아동 노동으로 만든 부품을 쓰지 말아 주세요. 어린이는 우리가 보호
해야 합니다."

이런 운동으로 구해 낸 아이들은 학교에 보내 주었습니다. 그리고 이
러한 노력을 인정받은 사티아르티는 2014년에 노벨평화상을 받았습
니다.

우리 주변에는 사회적 약자가 많습니다. 어린이와 장애인이 대표적이
고 외국에서 온 노동자들이나 결혼 이민자들, 나이 많은 독거 어르신
도 있을 겁니다. 이들에게는 따가운 눈총이 아닌 따뜻한 시선만으로도
큰 힘이 됩니다.

72

미래 세대와
우리 사회의 발전에
보탬이 되겠습니다

3포 세대니 5포 세대니 하는 말을 들어 보셨나요? 취업을 못해 연애, 결혼, 출산 세 가지를 포기한 젊은이들을 3포 세대라고 부릅니다. 5포 세대는 3포에 내 집 마련, 인간관계를 더한 다섯 가지를 포기한 세대입니다. 요즘은 5포에 꿈과 희망까지 포기한 7포 세대라는 말까지 나옵니다. 이것이 우리 젊은이들의 현실입니다. 아르바이트를 해서 비싼 등록금을 내고 대학을 나와도 취직이 힘듭니다. 취직을 해도 결혼이 걱정이고, 결혼을 해도 아이를 키우기 힘드니 출산을 포기합니다. 젊은이들이 꿈과 희망을 가질 수 없는 나라, 어린이들의 웃음을 들을 수 없는 나라, 그런 나라의 미래가 밝을 수는 없습니다.

정부가 우리나라의 미래에 대한 보고서를 발표한 적이 있습니다. 그 보고서에서는 2025년이 되면 저출산과 젊은이의 인생에 대한 불안감이 가장 중요한 사회 문제가 될 것이라고 합니다.

"저출산이 지금처럼 계속되면 한국은 인구 감소로 사라지는 첫 번째 나라가 될 지도 모른다."

외국 전문가는 이렇게 충고합니다.

젊은이들이 마음껏 일할 수 있어야 합니다. 아이를 많이 낳아 사회가 함께 키워야 합니다. 우리의 미래 세대가 행복해야 어르신들도 행복합니다. 나라의 미래를 위해 우리가 도울 일이 없는지 생각해 보고, 젊은 세대가 도움을 청하면 기꺼이 도와주려는 마음이 필요합니다.

73

우리 세대의 이익만을 바라지 않고
다음 세대를 먼저 생각하겠습니다

뉴욕 주에 살았던 인디언 이로쿼이 부족은 중요한 결정을 할 때마다 기준을 아직 태어나지도 않은 미래 세대에 두었습니다.

"지금 하려는 일은 다음 7세대째의 후손에게 좋은 영향을 줄까요?"

한 세대는 30년입니다. 7세대면 210년입니다. 그러니까 무슨 일을 하든 210년 뒤의 후손들에게 피해가 될지 어떨지를 미리 생각한다는 것입니다. 이로쿼이 부족에게는 어떤 권리보다 후손의 권리가 우선이기 때문입니다.

"우리는 아직 태어나지 않은 세대가 품격 있고 긍정적인 인간으로 사는 세상을 만들어야 한다."

노르웨이 역시 미래 세대를 위한 투자를 아끼지 않고 있습니다. 노르웨이는 1960년대 말 북해에서 석유가 발견되어 부자 나라가 되었습니다. 그러나 석유를 판매해 얻는 부를 현재 세대만의 것으로 여기지 않습니다. 미래 세대를 위해서 석유기금법을 만들고, 그 기금을 차곡차곡 불리고 있습니다. 뒷날 석유가 나오지 않게 되어도, 미래 세대에게 지금 세대가 누리는 풍요로움을 주기 위해서입니다.

우리는 어떤가요? 200년 뒤의 세대는 아니더라도 함께 살아가는 어린 세대를 배려하는 문화를 만들었나요? 젊은이들에게 돌아가는 복지를 낭비라고 생각하지는 않나요?

미래 세대에 투자하지 않으면 국가의 미래도 없습니다. 미래 세대는 우리와 경쟁해야 할 상대가 아니라 우리가 큰 나무로 키워 내야 할 국가의 자산입니다.

74

사회 문제에 관심을 갖겠으며
공정한 해결 방법을
고민하겠습니다

그들이 유대인을 덮쳤을 때
나는 침묵했다.
나는 유대인이 아니었기에

그들이 내게 왔을 때,
그때는 더 이상 나를 위해
말해 줄 이가 아무도 없었다.

히틀러가 등장했을 때, 독일에 마르틴 니묄러라는 신학자가 있었습니다. 마르틴은 원래 반공주의자였기 때문에 히틀러가 처음 등장했을 때 열렬히 지지했습니다. 그러나 히틀러가 나치당을 만들고, 유대인 학살과 인종 차별에 앞장서자 반대편에 섰습니다.

윗글은 마르틴이 어느 연설에서 한 말입니다. 내용이 감동적이어서 여러 사람의 입을 통해 전해지다가 1950년대에 한 책에 실리면서 기록으로 남았습니다.

나치가 유대인을 핍박하고 정권에 반대하는 사람들을 억압하는 것이 나와 상관없는 일 같지만 언젠가는 나도 그런 처지가 될 수 있음을 상징적으로 말해 주고 있습니다.

우리도 여러 가지 사회 문제를 겪으면서 살아갑니다. 기업이나 정치인 등 힘센 사람들의 잘못으로 벌어지는 환경 문제, 인권 문제, 범죄나 사고 등 여러 가지 문제가 늘 발생합니다. 이런 일은 텔레비전 뉴스에나 나오는 남의 일이 아닙니다. 언젠가는 우리도 피해를 입을 수 있습니다. 무관심하지 말고 그런 일이 왜 일어났는지, 올바른 해결 방법은 무엇이 있는지 고민해야 합니다. 깨어 있는 어르신이 많은 사회는 좋아질 수밖에 없습니다.

75

젊은 세대를 대할 때 친밀감과 너그러움을 잃지 않겠습니다

"청소년은 책임감이 없고 거칠다."

"청소년들이 언젠가 미국을 망치게 될 것이다."

지난 2005년, 미국의 어느 단체가 기성세대와 10대 청소년을 대상으로 설문조사를 했습니다. 결과를 알아봤더니 기성세대의 70퍼센트가 청소년을 이렇게 부정적으로 생각하고 있었습니다.

10대 자녀를 두고 있는 부모의 대답도 다르지 않았습니다.

"내 자식이 어느 날 미국을 망하게 할 것입니다."

이렇게 생각한다는 뜻이지요.

청소년들 역시 스스로에게 낮은 점수를 주었습니다.

"우리는 미국을 살기 좋은 곳으로 만들 능력이 없다."

이렇게 대답한 청소년이 대부분이었습니다.

두 세대가 모두 부정적인 대답을 한 이유는 믿음이 없기 때문입니다. 기성세대가 청소년들에게 신뢰를 보여 주지 않으니 청소년들도 스스로 자신감을 갖기는 어렵습니다. 열등감에 빠져서 일부러 삐딱하게 나가기도 합니다.

"도대체 요즘 애들은 무슨 생각을 하는지 모르겠다."

"젊은이들이 버릇이 없어서 걱정이다."

이런 말은 기원전 5천 년 전에도 있었습니다. 서양의 고대 기록들을 해석해 보니 이런 내용이 나왔다고 합니다. 젊은이들이 이해 안 되는 행동을 하는 것은 동서고금의 진리인 모양입니다. 그래도 세상은 망하지 않고 그 젊은 세대에 의해서 지금껏 잘 굴러왔습니다. 젊은 세대를 버릇없고 이상한 아이들로 보려 하지 말고, 너그럽게 헤아려 주는 아량이 필요합니다.

76

나쁜 전통이나 그릇된 문화를 물려주지 않겠습니다

전통이란 오랜 역사를 통해 전해진 생활 풍습이나 생각 등을 가리킵니다. 그래서 전통은 과거와 현재와 미래를 이어 주는 연결 고리입니다. 그 안에서 우리는 자랑스러움도 느끼고 동질성도 느낍니다.

우리에게는 오랜 역사를 통해 만들어 온 좋은 전통이 많이 있습니다. 어른을 공경하고, 부모님께 효도하고, 명절에 온 가족이 모여 조상을 모시고, 이웃끼리 서로 돕는 것들이 바로 좋은 전통입니다.

그러나 좋은 전통만 남아 있는 것은 아닙니다. 가부장적인 문화, 큰아들 우선 문화, 남자 선호 사상, 과도한 혼수나 체면 차리기 같은 문화는 이제 과감히 고쳐 나가야 할 것들입니다. 이것은 전통을 없애는 것이 아니라 또 다른 전통을 만들어 가는 것입니다.

"처음에는 불합리한 일이었지만 나중에 고쳐 나갔어. 잘못을 고친 조상들은 정말 대단하지 않아?"

먼 훗날 우리의 다음 세대는 우리를 이렇게 평가해 주지 않을까요?

잘못된 명절 문화나 가부장적인 문화 등은 우리 집안부터 고쳐 나가야 합니다.

· 3장 ·

함께하는 사회임을
기억하겠습니다

77

다른 사람을 대할 때
부처님을 공경하듯
예의를 갖추겠습니다

선재동자를 아시나요?

『화엄경』 마지막 부분 「입법계품」의 주인공인 선재동자는 세상을 떠돌며 53인(실제로는 54인)의 선지식(善知識)을 만나 마침내 깨달음을 얻습니다. 선재동자가 법계에 들어가 만나는 선지식은 문수보살, 보현보살을 비롯해 비구, 비구니, 천녀, 거사, 바라문, 왕, 부자, 동자와 동녀 등 매우 다양합니다. 장사꾼, 뱃사공은 물론 다른 종교를 믿는 사람도 있습니다.

선재동자는 신분이나 직업의 귀함과 낮음을 가리지 않고, 성별도 가리지 않고, 어른인지 아이인지도 가리지 않고 열린 마음으로 선지식인을 만나 가르침을 받습니다.

이 같은 선재동자의 행동에는 『화엄경』의 사상이 담겨 있습니다. 『화엄경』은 또 다른 말로 "잡화경(雜華經)"이라고도 부르는데, 이 말은 부처님을 장엄하는 꽃에 잡초도 끼어 있음을 뜻합니다. 이름 모를 잡초라고 해도 스승이 될 수 있으며, 부처님이 될 수 있다는 말로 해석이 가능합니다.

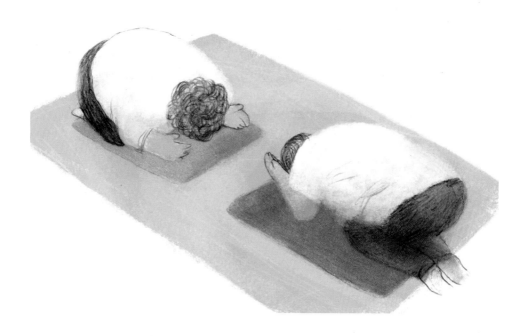

어떤 사람을 대할 때든 겉모습이나 조건으로 사람을 가르지 말고 부처님을 만나듯 존중해야 합니다. 선재동자가 선지식을 만날 때 직업이 좋지 않아서, 나이가 어려서, 남자라서, 혹은 여자라서 구분을 두었다면 깨달음을 얻지 못했을 것입니다. 선재동자는 그들을 모두 부처님처럼 대했습니다.

78

말을 많이 하기보다
남의 말을
잘 듣는 사람이 되겠습니다

중국 송나라 때의 사상가 주희는 성리학의 대가입니다. 우리가 익히 잘 아는 유교를 만든 사람입니다. 중국을 만든 위대한 사상가로 받들어지지만 단점도 있었습니다.

"주희에게는 태산 같은 기상이 있다. 그러나 자기 생각만 옳다고 생각해 남의 말을 듣지 않으려 하는 것이 아쉽다."

주희와 몇 차례 논쟁을 벌였던 사람이 이런 평가를 내렸습니다. 위대한 철학자로 많은 이의 존경을 받는 주희도 이러니, 남의 말을 귀담아 잘 듣는 게 쉬운 일은 아닌 모양입니다.

반대로 『삼국지』에 나오는 유비는 부하의 말을 잘 들었다고 합니다. 세종대왕이나 이순신 장군도 신하나 부하의 말을 잘 들었습니다.

남의 말을 잘 듣는 일은 가족이나 친구와의 사이를 화목하게 만들어 줍니다. 뜻하지 않는 지식을 배울 수도 있습니다.

서양 격언에 이런 말이 있습니다.

"남의 말을 경청하는 사람은 어디서나 사랑받을 뿐 아니라, 시간이 흐르면 지식을 얻게 된다."

79

약속을 중요하게 생각하고
언제나 잘 지키겠습니다

'노쇼'라는 말이 있습니다. 영어로는 'No Show', 나타나지 않는다는 뜻입니다. 다른 말로는 예약 부도라고 합니다. 음식점이나 병원 진료, 차표 같은 것을 예약해 놓고 약속을 지키지 않는 일을 가리킵니다.

지난 2015년에 음식점, 병원, 미용실, 공연장, 고속버스 등 5개 업종을 대상으로 조사했더니, 예약을 하고 안 나타난 경우가 15퍼센트나 됐다고 합니다. 20건 중에 3건은 아무런 말없이 약속을 깬 것입니다. 200명을 대상으로 한 설문조사에서도 10명 중 8명이 예약을 부도낸 적이 있다고 대답했습니다.

물론 일부러 나쁜 마음을 먹고 약속을 깬 것은 아닐 것입니다. 처음에는 꼭 필요해서 예약했는데 못 나갈 사정이 생겼을 것입니다. 그럴 때 전화 한 통이면 취소가 되는데 그걸 번거롭게 생각하고 안 하는 것입니다.

약속을 지키지 않아도 예약을 한 사람에게는 아무런 손해가 없습니다. 그러나 예약을 받은 업소는 큰 손해를 봅니다. 꼭 필요한데 그 업소를 이용할 수 없는 사람도 피해를 입습니다.

예약은 미리 정한 약속입니다. 되도록이면 지켜야 하고, 못 지키게 되면 미리 알리는 것이 예절입니다.

80

남을 이기려 하지 않고
양보하는 사람이 되겠습니다

중국 진나라에 손초라는 사람이 살았습니다. 손초는 산에 들어가 숨어 살기로 마음먹고 친구에게 그 결심을 털어놓았습니다.

"속세를 떠날 거야. 돌로 양치하고 물을 베개 삼아 자유롭게 살겠네."

손초의 말이 이상한 것을 알아채셨나요? 물로 양치하고 돌을 베개 삼아야 하는데 거꾸로 말해 버린 것입니다. 친구가 웃으며 말실수를 지적했습니다.

"이 사람아. 돌로 양치질을 한다고? 물이 아니고?"

자존심이 상한 손초의 대답은 이랬습니다.

"이런 무식한 사람. 자네는 허유의 이야기도 모르나? 요 임금이 허유를 불러 나라를 맡아 달라 했을 때 허유가 어떻게 했나? 더러운 말을 들었다며 물로 귀를 씻지 않았나? 내가 물을 베개 삼는다고 한 건 쓸데없는 말을 들었을 때 귀를 닦겠다는 뜻이야. 돌로 양치한다는 것은 이를 깨끗이 닦겠다는 뜻이고."

친구에게 지기 싫어서 억지로 고집을 피운 것입니다. 여기서 나온 고사성어가 수석침류(漱石枕流)입니다.

남에게 조금도 지기 싫어하고, 조금도 양보하지 않으려는 사람을 많이 봅니다. 질서를 지켜야 할 일에서도 남을 밀치면서까지 먼저 나섭니다.

한국불교의 큰 스승 가운데 한 분인 성철 스님은 평소에 제자들에게 이런 말씀을 자주 하셨습니다.

"천하에 가장 용맹스런 사람은 남에게 질 줄 아는 사람이다. 무슨 일에서든지 남에게 지고 밟히는 사람보다 더 높은 사람은 없다."

평생 동안 남에게 길을 양보해도 다 합치면 백 걸음도 안 된다는 말이 있습니다. 『사자소학』에 나오는 말입니다.

81

타인과 불필요한 논쟁을 벌이거나
공격적인 행동을 하지 않겠습니다

수미산 북쪽 큰 바다 밑에는 아수라들이 살고 있습니다. 아수라는 싸움을 좋아하는 종족입니다. 자기들끼리도 싸우고, 하늘의 신인 제석천에게도 싸움을 겁니다. '아수라장'이라는 말도 아수라 때문에 생겨났습니다. 싸움이 난 곳처럼 아주 시끄럽고 혼란스러운 곳을 아수라장이라고 하지요.

유난히 논쟁하기를 좋아하는 사람들이 있습니다. 자기와 뜻이 다르면 위협을 해서라도 상대방을 굴복시키려고 합니다. 잘못 없는 사람에게 화풀이를 하는 일도 있습니다. 사람에 대한 배려가 없어서, 자기 마음을 다스리지 못해서 아수라장을 만드는 것입니다.

참! 싸움 좋아하는 아수라들의 왕은 나중에 어떻게 되었을까요? 놀랍게도 부처님의 설법을 듣고 불교에 귀의합니다. 부처님이 아수라왕에게 말씀하셨습니다.

"너희 아수라들도 복을 짓고 지혜를 닦으면 사람의 몸을 얻을 수 있다. 분노의 장애를 넘어서면 시간을 지나 부처를 이룰 수도 있다."

싸움을 좋아하던 악당 아수라는 불교의 법을 수호하는 신장이 됩니다.

82

내 생각만 고집하지 않고
상대의 입장에서
먼저 생각하고 배려하겠습니다

공자는 중국 노나라에서 태어났습니다. 노나라를 세운 사람은 주공인데, 공자는 주공을 매우 존경했습니다.

공자가 어느 날 주공의 묘에 참배를 하러 갔습니다. 공자는 관리인에게 이것저것 물어보았습니다. 그 모습을 보고 어떤 사람이 뒤에서 흉을 보았습니다.

"누가 공자더러 예를 아는 사람이라던가. 태묘에 들어가서 하나부터 열까지 다 묻네."

그 말을 듣고 공자가 말했습니다.

"그것이 바로 예라는 것이오."

공자는 관리인 앞에서 아는 체 하지 않았던 것입니다. 주공을 흠모해 온 공자인데, 주공에 대해서 아는 것이 왜 없었겠습니까? 공자는 관리인의 입장을 배려해 주었던 것입니다.

미국의 첫 번째 흑인 대통령인 오바마는 어릴 때 말썽을 피우면 어머니에게 이런 말을 들었다고 합니다.

"다른 사람이 너에게 그랬다고 생각해 봐. 어떤 기분이 들겠니?"

나만 생각하지 말고 상대방의 입장에서 함께 생각해 본다면 오해할 일도, 다툴 일도 없을 것입니다. 상대의 입장이 되어 보는 '역지사지(易地思之)'는 배려의 첫 걸음입니다.

83

다른 사람의 결점이나
단점을 보려 하지 않고
장점을 찾아내 배우겠습니다

중국의 고사성어에 '취모구자(吹毛求疵)'라는 말이 있습니다. 터럭을 불어서 작은 허물을 찾아낸다는 뜻입니다. 짐승의 몸에 난 흠은 털에 가려서 잘 보이지 않습니다. 그런데도 입으로 불어서 털을 헤치고 흠을 찾아내는 것이니 남의 허물을 억지로 들추는 일을 말합니다.

중국의 철학자 가운데 법의 중요성을 주장한 한비자의 "군자는 터럭을 불어서 남의 허물을 찾지 않는다."는 말에서 나왔습니다.

작은 허물도 없는 사람은 없습니다. 완벽한 사람은 오히려 인간적인 매력이 없어서 가까이 다가서기 어렵습니다. 우리 역시 조그만 결점은 가지고 있습니다. 그런데도 남의 좋은 점보다 결점이 먼저 보이는 것은 가랑잎이 솔잎더러 바스락거린다고 말하는 것과 같습니다.

『법구경』에 이런 말씀이 있습니다.

남의 허물을 찾아내어
항상 불평을 품는 사람은
번뇌의 때가 점점 자란다.

그의 번뇌는 자꾸만 불어난다.

남의 허물을 찾지 않는 것도 깨달음을 향해 가는 길입니다. 그럼에도 불구하고 남의 허물을 꼭 말해야 한다면 다섯 가지를 갖추라고 부처님은 말씀하셨습니다. 반드시 사실이어야 하고, 말할 때를 잘 알아야 하며, 이치에 맞아야 하고, 부드럽게 말해야 하고, 자비심으로 말해야 합니다.

84

나는 다른 사람의 도움과 이해 속에 살아가고 있음을 기억하겠습니다

전라남도 영암에 있는 '덕진다리'에는 재미있는 전설이 있습니다.

영암 고을의 원님이 갑자기 죽어 저승에 갔습니다. 그런데 영암 원님은 아직 저승에 올 때가 아니었습니다. 염라대왕은 영암 원님을 이승으로 돌려보내는 대신 노잣돈을 내라고 했습니다. 잠자다 갑자기 저승에 끌려온 사람이 돈이 있을 리 없습니다. 염라대왕이 방법을 가르쳐 줍니다.

"곳간에서 미리 꺼내 써라. 저승에는 이승에서 착한 일을 할 때마다 채워지는 곳간이 있다. 어차피 네 것이니 미리 꺼내 쓰면 어떠리."

원님은 신이 나서 자기 곳간에 갔지만 그곳은 텅 비어 있었습니다. 원님은 코가 빠졌습니다. 염라대왕은 실수로 데려온 원님을 돌려보내야 할 책임이 있으니 다른 방법을 알려줍니다.

"영암 고을에 사는 덕진이에게 빌려 써라. 덕진이는 저승 최고의 부자야. 대신 이승에 돌아가면 꼭 갚아야 해!"

무사히 이승으로 돌아온 원님은 덕진을 찾아가 빌린 돈을 갚겠다고 합니다. 그러나 덕진은 손을 내저을 뿐입니다.

"무슨 말씀을 하시는지 모르겠습니다. 염라대왕을 만난 분이 어찌 살아 있으며, 저승 곳간은 또 무슨 말입니까? 저는 빌려 드린 게 없으니 받을 것도 없습니다."

어떻게든 덕진에게 신세를 갚아야 하는 원님은 고민에 빠졌습니다. 그래서 덕진의 소원을 들어주면 어떨까 생각했습니다. 마침 덕진에게는 소원이 하나 있었습니다. 강가에 다리를 놓는 것입니다. 강 인근 주막에서 일하는 덕진은 물이 불면 오도 가도 못하는 사람들을 늘 딱하게 여겼습니다. 그래서 강에 다리가 하나 있었으면 하고 바랐던 것입니다. 원님은 강가에 튼튼한 돌다리를 놓아 주었고 '덕진다리'라고 이름 붙였습니다.

돌다리를 이용하는 사람들은 덕진의 고마움을 알았을까요? 아마 몰랐거나 알아도 크게 마음에 두지 않았을지 모릅니다. 그래도 덕진은 신경쓰지 않았을 것입니다. 처음부터 누구에게 인사를 받자고 착한 마음을 가진 것은 아닐 테니까요.

우리 사회에는 덕진 같은 사람이 참 많습니다. 따뜻한 마음으로 남에게 이로움을 주는 사람들 말입니다. 우리는 그런 사람의 배려와 도움 속에서 살아가고 있습니다. 그런 사람들의 고마움을 생각하며 우리도 늘 다른 이에게 따뜻한 사람이 되어야겠습니다.

85

어떤 곳에서도 잘 화합하는
원만한 사람이 되겠습니다

부처님이 궁궐을 빠져나와 출가하실 때 함께한 마부가 있습니다. 부처님과 한날한시에 태어난 차나(빨리어로는 찬나)입니다. 차나도 출가하여 비구가 되었는데, 부처님과의 개인적인 친분을 내세워 늘 거들먹거렸습니다. 성격은 괴팍하고 거칠었으며, 욕지거리를 잘해서 부처님의 제자인 목련과 사리자를 헐뜯기도 했습니다.

"부처님이 출가하실 때 당신들은 무엇을 했소? 곁에 없던 자들이 지금은 최고의 제자라고 떠들고 다니니 정말 우습지 않소?"

부처님이 차나를 불러 가르치셨습니다.

"차나여. 두 명의 제자는 그대의 선한 벗이니라. 벗을 섬기고 따라서 수행하도록 하라."

부처님이 세 번이나 충고하셨지만 소귀에 경 읽기였습니다. 차나의 교만함은 고쳐지지 않았습니다. 마침내 부처님이 열반에 드실 때 아난다에게 이르셨습니다.

"아난다여. 내가 입멸한 뒤에 차나에게 아무도 말을 걸지 않는 벌을 주어라. 어떤 비구도 먼저 말 걸지 말고 대답도 하지 마라. 그래야 차나

가 부끄러움을 알고 뉘우칠 것이다."

부처님이 열반에 드신 뒤 아난다는 차나에게 가서 부처님의 벌을 알렸습니다. 차나는 큰 충격을 받았습니다. 부처님이 세 번이나 일러주셨는데도 깨우치지 못한 것을 뒤늦게 자책하며 세 번이나 정신을 잃었습니다. 그 뒤 차나는 참회하며 교만함을 버리고 홀로 정진하였습니다. 그리고 마침내는 높은 깨달음을 얻었습니다.

부처님은 차나를 모른 척하라고 하셨습니다. 차나를 따돌리라는 뜻이었을까요? 아닙니다. 교만하고 예의 없이 굴면 모든 사람에게 외면받게 됨을 가르쳐 주신 것입니다.

우리는 사회를 떠나서 살 수 없습니다. 집도 우리에게는 사회요, 친구들과의 만남도 사회이며, 복지관이나 절도 우리에게는 사회입니다. 사회에도 차나 같은 사람이 더러 있습니다. 잘난 체 뽐내며 다른 사람을 무시합니다. 분위기를 흐리고 헛소문을 만들어 사람들 사이를 갈라놓기도 합니다. 미꾸라지 한 마리가 온 연못을 흐리는 것과 같습니다.
그런 사람의 곁에는 아무도 남아 있지 않습니다. 어느 자리에서건 굳
은 땅에 내리는 봄비 같은 사람이 되어야겠습니다.

86

사회 참여와 봉사 활동으로
베풂과 나눔을
실천하겠습니다

'퇴임 후 가장 존경받는 대통령'.

'품위 있는 전직 대통령의 귀감'.

1977년부터 1981년까지 미국 대통령을 지낸 지미 카터를 가리키는 말입니다. 카터는 한국을 방문한 적도 있어서 우리에게도 이름이 익숙합니다.

하지만 대통령일 때 카터는 미국인에게 인기가 없었습니다. 경제 상황이 매우 나빴고, 외교 문제에서도 큰 실수를 했습니다. 다음 번 선거에서 패배한 것은 당연한 일이었습니다. '가장 인기 없는 미국 대통령'으로 꼽히는 불명예도 안았습니다.

그런데 대통령에서 물러난 뒤 사람들은 카터를 달리 보기 시작했습니다. 카터가 집 없는 사람들에게 집을 지어 주는 자원봉사를 하면서부터입니다.

카터는 집 짓는 현장에서 젊은 봉사자들과 함께 벽돌을 쌓고 페인트를 칠했습니다. 연장 주머니를 허리에 두르고 안전모를 쓴 채 망치질을 했습니다. 미국뿐 아니라 전 세계를 돌며 집 짓는 일을 도왔습니다. 암

투병을 할 때도 현장에 나와 봉사를 했습니다.

그리고 임기 중에 가장 인기 없던 대통령은 퇴임 후 가장 존경받는 전 대통령이 되었습니다.

물론 집 짓기 자원봉사만으로 미국인의 존경을 받게 된 것은 아닙니다. 재단을 세워 인권 운동을 벌이고 민간 외교 활동을 벌이며 세계 평화에 기여하기도 했으니까요.

그러나 사람들은 망치질을 하던 목수 카터를 가장 인상적으로 기억합니다.

87

타인의 아픔에 공감하며
인정을 베푸는
따뜻한 사람으로 살겠습니다

중국 제나라가 강대국일 때 선왕이 다스리고 있었습니다. 선왕은 어느 날 대전에 있다가 신하가 소를 끌고 가는 것을 보았습니다. 소는 큰소리로 울며 끌려가지 않으려고 버티었습니다.

"소를 어디로 끌고 가는 것이냐?"

"제사 때 피를 바르는 의식에 쓰려고 끌고 갑니다."

"그 소를 놓아주어라. 부들부들 떨면서 끌려가는 것을 차마 보지 못하겠다."

"그럼 피를 바르는 의식을 없앨까요?"

"어찌 그럴 수 있겠느냐? 소 대신 양으로 바꾸어라."

백성들은 그 이야기를 듣고 수군댔습니다. 왕이 제물을 아끼느라 소를 양으로 바꿨다면서 말입니다. 선왕은 답답했지만 일일이 해명할 방법이 없었습니다.

어느 날 맹자가 이야기를 전해 듣고 찾아와 선왕에게 물었습니다.

"소를 양으로 바꾼 일이 있다고요?"

"있지요. 죄 없이 끌려가는 소가 불쌍해 양으로 바꿨습니다. 그런데 백

성들은 그것도 모르고 왕이 제물을 아꼈다며 수군댄답니다."

"백성이야 사정을 모르니 그리 말한 것이겠지요. 그런데 죄 없이 끌려
가는 소는 불쌍하고, 양은 불쌍하지 않으셨나요?"

그러자 선왕이 웃으며 대답합니다.

"그러게 말입니다. 정말 내가 무슨 마음으로 그랬는지 모르겠습니다."

"그건 왕께서 소는 직접 보았지만 양은 보지 못했기 때문입니다. 소의
모습을 보고 안타까워 한 것은 인(仁)을 실천한 것입니다."

선왕이 기뻐하며 말했습니다.

"책에 다른 사람의 마음을 미루어 헤아린다는 구절이 있는데 선생이
바로 그러하시군요."

자기 마음을 알아주었다며 기뻐한 것입니다.

선왕과 맹자의 이야기는 요즘의 눈으로 보면 공감 능력에 관한 이야기
입니다. 선왕은 소의 안타까운 처지를 헤아렸고, 맹자는 백성의 오해

를 받는 선왕의 마음을 충분히 이해했습니다. 뿐만 아니라 인을 실천
했다며 칭찬하기까지 합니다. 공감은 다른 사람의 마음과 처지를 이해
하는 것입니다. 다른 사람의 아픔을 이해하고 다독이며 인을 실천하는
하루하루를 살아야겠습니다.

88

생태계의 일원으로
조화롭게 살아가며
환경을 아끼고 보호하겠습니다

2016년 환경과 관련된 가장 큰 뉴스는 바로 가습기 살균제 사건입니다. 가습기의 물은 관리를 잘못하면 세균이 생길 수 있는데, 이것을 예방하기 위해 물에 넣는 살균제가 크게 유행한 적이 있습니다. 그 살균제 속에 들어 있는 화학 물질이 사람에게 치명적인 독성을 갖고 있어서 여럿이 목숨을 잃은 사건입니다. 안전하려고 산 물건 때문에 생명이 위태로울 수 있다니 믿기지가 않습니다.

그런데 왜 이런 문제가 문명 시대에, 그것도 한국에서만 일어난 것일까요?

물론 가장 큰 원인은 기업이 부도덕했기 때문입니다. 제품을 허가하고 관리하는 정부가 자기 역할을 제대로 안 했기 때문입니다. 그러나 이 불행한 사고 앞에서 우리도 한 번쯤 짚고 넘어갈 것이 있습니다. '우리는 환경이나 환경 문제를 중요하게 생각하고 있는가?'입니다.

외국은 살균된 물이 그대로 강으로 흘러 들어가면 생태계에 나쁜 영향을 준다며 이런 제품을 깐깐하게 살펴보고 허가해 줍니다. 사람의 몸에 해로운 화학 물질도 까다롭게 관리합니다. 그러나 우리는 균을 죽

이지 않으면 큰 병에 걸릴 것처럼 생각합니다. 사람만 생각하고 환경에는 어떤 영향이 돌아갈지 심각하게 따져 보지 않는 것입니다.

과거에는 환경 문제라고 하면 눈에 보이는 것들이었습니다. 물이 썩고, 산이 파괴되고, 쓰레기가 쌓이니 경각심을 갖는 것도 쉬웠습니다. 그러나 이제는 눈에 보이지 않는 화학 물질이나 미세먼지 때문에 환경 문제가 일어나고 있습니다.

환경이 얼마나 중요한지, 함께 살아가는 생명들에게 어떤 태도를 가져야 하는지, 이 불행한 사태를 통해 다시 한 번 점검해 보면 좋겠습니다.

89

갈등이 생겼을 때는 대화로 해결하고
소통하려는 마음 자세를 갖겠습니다

'27개 나라에서 두 번째'.

지난 2010년 우리나라의 한 기관이 제법 잘 산다는 나라를 대상으로 어떤 조사를 했습니다. 그 조사에서 우리나라가 거둔 성적입니다. 그러나 자랑스러운 2등이 아니라 반성해야 할 2등입니다. 사회 갈등이 많은 나라를 조사했는데 그중 2위를 차지했기 때문입니다. 가장 갈등이 심한 나라는 종교 분쟁을 겪고 있는 터키였습니다.

사회생활을 하다 보면 갈등은 꼭 일어난다지만, 요즘 뉴스를 보면 심각하다는 생각도 듭니다. 아파트나 경로당처럼 우리 생활과 가까운 곳에서도 갈등은 벌어집니다. 이때 갈등을 해결하려는 태도는 여러 가지입니다.

항상 사기만 옳고 중요하다고 주장하는 사람, 일단 목소리부터 높이고 보는 사람, 일방적으로 혼자 결정하고 통보하는 사람, 갈등을 피하기만 하는 사람, 뒤에서 소문만 내는 사람……

사회 갈등은 국력을 낭비하는 일이라고 합니다. 우리 생활과 가까운 곳에서 일어나는 작은 갈등도 마찬가지입니다. 에너지를 빼앗기며 행

복을 낭비하는 일입니다. 그러니 좋은 방법으로 빨리 갈등을 풀어야
합니다.

우리에게는 대화라는 아주 좋은 갈등 해결 방법이 있습니다. 차분하게
대화하며 이해할 것은 함께 이해하고 양보할 것은 서로 양보해야 합니
다. 그래도 문제가 해결되지 않을 때는 중간 지점을 찾아보면 어떨까
싶습니다.

4장

언제나 다른 사람을
보듬어 주겠습니다

다른 이의 생활 환경이나 가치관을 내 기준으로 판단하지 않겠습니다

『채식주의자』라는 우리나라 소설이 외국에서 큰 상을 받았습니다. 이 작품은 고기를 먹지 않고 채식만 하는 여자와 그 여자의 가족 사이에 벌어지는 이야기를 담고 있습니다. 남편은 아내의 행동이 자기가 직장 생활하는 데 피해가 될까 걱정하고, 친정 식구들은 고기를 먹으라고 설득합니다. 온 가족이 모여 식사하는 자리에서 주인공의 아버지는 딸의 입을 강제로 벌리고 고기를 넣습니다. 끝끝내 딸이 거부하자 때리기까지 합니다.

이 소설을 고기 먹지 않는 여자와 가족의 갈등을 그린 작품이라고 단순하게 말할 수는 없습니다. 우리 사회에서 벌어지는 인간의 이기심과 폭력을 그리려고 했겠지요.

소설을 벗어나 이야기해 보겠습니다. 사람들은 왜 채식주의자를 별난 사람으로 생각하는 걸까요? 주변에는 종교적인 이유로, 또는 질병 때문에 특별한 음식을 먹지 않는 사람들이 많습니다. 음식만이 아닙니다. 세상에는 우리와 다른 생각, 다른 생활을 하는 사람이 많습니다. 열 명이 좋다는 일을 싫어하는 사람도 있을 것이고, 열 명이 싫다는 일

을 정말 좋아하는 사람도 있을 것입니다. 대다수의 사람과 의견이 다른 것이지요.

이런 사람을 만났을 때 어떻게 하시겠습니까? 별나고 이상한 사람이라며 손가락질하시겠습니까? 아니면 세상에는 다양한 사람이 있다고 생각하며 이해하시겠습니까?

91

누군가를 미워하거나
원망하는 마음을
갖지 않겠습니다

이야기로 부처님의 가르침을 전하는 경전인 『백유경』에 나오는 이야기입니다.

옛날 어떤 사람이 남을 미워하여 늘 시름에 잠겨 있었습니다. 한 친구가 물었습니다.

"왜 그처럼 근심에 잠겨 있는가?"

"어떤 사람이 나를 몹시 헐뜯는데, 내 힘으로는 보복할 수가 없어서 방법을 찾느라 그런다네."

친구가 말해 주었습니다.

"비타라 주문이라면 그를 해칠 수 있어. 그런데 걱정되는 건 만일 그를 해치지 못하면 도리어 네가 피해를 입는다는 거야."

비타라 주문은 '비다라'라는 시체를 일으켜 원한이 있는 사람을 죽이는 주문입니다. 무서운 방법이지만 누군가를 미워하는 마음이 컸던 그 사람은 도리어 기뻐했습니다.

"제발 그 방법을 나에게 가르쳐 줘. 내가 해를 입더라도 그자를 반드시 해치고 말겠어."

누군가를 미워하는 마음이 바로 이런 것입니다. 남을 괴롭히기 전에
자기가 먼저 해를 입습니다. 누군가를 미워하는 동안 자기 마음이 괴
로울 테니 그 또한 손해가 아닙니까?
『법구경』에도 이런 구절이 있습니다.

이 세상의 원한은 원한에 의해서는 결코 사라지지 않는다.
원한을 버릴 때에만 사라지나니 이것은 변치 않을 영원한 진리다.

92

다른 이에게 인색하게
굴지 않겠으며
이해와 아량을 베풀겠습니다

스크루지는 큰 부자입니다. 그러나 인정이라고는 손톱만큼도 없는 자린고비입니다. 기부단체에서 온 사람을 내쫓고, 자기 회사 직원인 조카에게도 모질게 굽니다.

외롭게 크리스마스 이브를 맞이하게 된 스크루지는 유령들의 방문을 받습니다. 제일 먼저 나타난 동업자 유령은 살아생전 스크루지만큼이나 욕심쟁이에 구두쇠였던 사람입니다. 하지만 유령이 되어 나타난 동업자는 욕심쟁이에 구두쇠였던 죄로 쇠사슬에 묶여 고통받고 있었습니다. 동업자의 유령에 이어 나타난 세 명의 유령은 스크루지에게 과거, 현재, 그리고 미래를 보여 줍니다. 가난해서 불우했던 과거, 비웃음을 사고 있는 현재, 자신의 죽음을 슬퍼하는 이가 아무도 없는 미래. 유령들이 보여 준 꿈에서 깨어나 크리스마스 아침이 되었을 때, 스크루지는 새로운 사람이 되기로 합니다.

영국의 소설가 찰스 디킨스가 쓴 「크리스마스 캐롤」이라는 소설의 내용입니다.

돈은 많지만 스크루지의 영혼은 지독히 가난했습니다. 물질이든 마음

이든 아끼고 인색하게 굴기보다는 이해와 아량으로 넉넉하게 베푼다면 세상은 좀 더 따뜻해질 것입니다.

93

내 종교나 가치관을
남에게 강요하지 않겠습니다

"며느리 될 아이가 우리와 종교가 달라요. 결혼을 반대해야 하는 것 아닐까요?"

"사위가 우리하고 종교가 다른데 이제라도 바꾸라고 해야 할 것 같아요."

이렇게 고민하는 어르신을 종종 봅니다. 종교가 같다면야 좋겠지만, 다르다고 해서 자녀와 사랑하는 사람을 갈라놓아야 할까요?

우리나라는 종교의 자유를 헌법으로 보장하는 나라입니다. 헌법 제20조 1항에는 "모든 국민은 종교의 자유를 가진다."라고 되어 있습니다.

그뿐만이 아닙니다. 여러 종교가 공존하면서도 종교 분쟁이 없는 훌륭한 나라입니다. 오히려 나라에 큰 위기가 있을 때 종교 지도자가 서로 마음을 합해서 해결하기 위해 나섭니다.

종교뿐만이 아닙니다. 지금 이 세상에는 나와 다른 가치관이 너무 많습니다. 우리가 이해하기 쉽지 않은 가치관들도 많습니다. 이럴 때 내 것만이 옳고, 상대방의 가치관은 잘못인 걸까요? 사회에 해악을 끼치는 것이 아니라면 '사상의 자유' 또한 인정해 주어야 합니다.

94

나와 생각이 다른 사람이라고 해서
소외시키거나 차별하지 않겠습니다

조선 시대의 송시열과 허목은 같은 시대에 서로 다른 당파를 이끌고 있었습니다. 나랏일을 하며 사사건건 부딪쳤으니 견원지간이라고 할 만큼 사이가 나빴습니다.

어느 해인가 송시열이 이름 모를 병에 걸려 고생하고 있었습니다. 이 약 저 약 다 써 보아도 차도가 없자 송시열은 아들을 불러 말합니다.

"내 병은 허목만이 고칠 수 있어. 허목에게 처방전을 받아 오너라."

허목은 60세가 훌쩍 넘어 벼슬에 나갔습니다. 오랫동안 여러 방면의 공부를 해왔기에 의술에도 조예가 깊었습니다. 송시열도 그것을 인정하고 처방전을 받아 오라고 한 것입니다. 그러나 송시열의 아들은 깜짝 놀라며 아버지를 말립니다.

"안 됩니다. 앙심을 품고 아버님을 해치려 들면 어쩌시렵니까?"

그러나 송시열은 고집을 꺾지 않았습니다. 아들은 어쩔 수 없이 지방에 가 있는 허목을 찾아가 증세를 자세히 말하고 처방을 받아 왔습니다. 그런데 놀랍게도 허목의 처방전에는 비상이 들어 있었습니다.

"이것 보십시오, 아버님! 아버님을 해치려는 의도가 분명합니다."

"허목은 그런 사람이 아니다. 남들이 다 보는데 죽는 처방전을 써 주는 사람이 어디 있단 말이냐? 잔소리 말고 그대로 약을 지어 오너라."

아들은 아버지의 말을 따를 수밖에 없었습니다. 그리고 송시열은 얼마 안 돼 병을 털고 일어났습니다. 허목은 송시열의 생활 습관을 전해 듣고 몸에 독소가 든 것을 알았습니다. 해독을 위해 비상을 처방한 것입니다.

정적의 손에 약을 맡기기란 쉽지 않습니다. 정성을 다해 처방전을 써 주기도 쉽지 않습니다. 비록 정치적인 견해는 달랐지만 인간적으로 믿었던 두 사람의 인품에 고개가 숙여집니다.

세상 사람들은 나와 다른 사람을 배척하는 일이 많습니다. 생각이 다르거나, 고향이 다르거나, 나이가 다르거나, 이런저런 이유를 들며 은근히 따돌리기도 합니다. 우리는 정치적인 견해는 달랐지만 사람의 도리는 잊지 않았던 송시열과 허목의 인품을 기억해야 합니다.

95

누군가에게 상처를 줄 수 있는 말이나 행동은 하지 않겠습니다

부처님께서 사위국 기원정사에 계실 때의 일입니다. 젊은 비구 빈기가가 부처님을 찾아왔습니다. 빈기가는 부처님을 마주 보고 서서 추악한 말로 성을 내며 부처님을 모욕했습니다.

부처님이 빈기가에게 말씀하셨습니다.

"빈기가여, 날을 잡아 손님을 부를 수 있겠나?"

"물론 할 수 있지요."

"손님을 위해 음식을 장만했는데 손님이 먹지 않으면 어찌하겠나?"

"먹지 않으면 내가 먹지요."

"빈기가여, 오늘 그대는 추악한 말로 욕하고 나를 꾸짖었다. 내가 받아주지 않으면 그것이 누구에게 돌아가겠나?"

빈기가는 그 욕이 자기에게 되돌아옴을 깨닫고 공손하게 머리를 숙였습니다.

"참회합니다. 세존이시여. 제가 어리석고 착하지 못해 분별하지 못하고 큰 잘못을 저질렀습니다."

부처님은 시를 지어 가르침을 주셨습니다.

성냄으로써 성냄을 갚는 사람
그는 바로 나쁜 사람이니라.
성냄으로써 성냄을 갚지 않으면
항복 받기 어려운 적에게 항복 받으리.

부처님은 남에게 상처가 되는 말을 퍼부으면 결국 자기 자신에게 그대로 돌아온다고 하셨습니다. 그런 말을 들었을 때는 똑같이 대꾸하지 말고 못 들은 척하라 가르치십니다. 그것이 나쁜 상대방을 이기는 방법입니다.

96

나만의 이익을 위해
거짓을 말하거나
속임수를 쓰지 않겠습니다

이탈리아의 예술가 미켈란젤로는 조각가로, 또 화가로 뛰어난 활약을 펼쳤습니다. 미켈란젤로의 그림은 시스티나 대성당에 고스란히 남아 있습니다. 시스티나 대성당은 가톨릭 교황을 뽑을 때 비밀투표를 하는 곳으로 유명합니다. 미켈란젤로는 이곳의 천장화와 벽화를 그렸습니다. 먼저 그린 천장화는 〈천지창조〉, 나중에 그린 벽화는 〈최후의 심판〉입니다.

천장 밑에 받침대를 세우고 그림을 그리는 일은 쉽지 않았습니다. 고개를 항상 뒤로 젖혀야 하니 목도 아프고, 물감은 얼굴로 흘러내려 피부병까지 앓았다고 합니다. 그렇게 고생하면서도 미켈란젤로는 구석구석 최선을 다해서 그렸습니다. 한 친구가 그 모습을 보고 말했습니다.

"그곳은 잘 보이지도 않는데 뭘 그리 정성을 들이나? 아무도 모를 테니 적당히 하게."

미켈란젤로가 대답합니다.

"다른 사람은 몰라도 내가 알지 않나?"

우리는 눈앞의 이익을 위해 꾸며 말하거나 대충 눈속임을 하는 일이 많습니다. 하지만 이런 일이 계속된다면 신뢰를 잃어 오히려 더 큰 손해를 보기 쉽습니다. 무엇보다 가장 큰 손해는 자기에 대한 긍지를 잃게 된다는 점입니다.

"모든 사람을 얼마 동안 속일 수는 있다. 또 몇 사람을 영원히 속일 수도 있다. 그러나 모든 사람을 영원히 속일 수는 없다."

미국의 링컨 대통령이 남긴 말입니다.

97

근거 없는 의심과 오해로
다른 이를 불신하지 않겠습니다

『경률이상』이라는 경전이 있습니다. 불교 경전에 등장하는 재미있는 이야기와 설화를 모은 경전입니다. 바로 그『경률이상』에 나오는 이야기입니다.

설산 아래 사자와 범이 살았습니다. 둘은 사이가 좋아서 서로의 털을 핥아 주고 언제나 부드럽고 좋은 살코기를 나눠 먹었습니다. 둘 가까이에 야간이라는 짐승이 살았는데, 어느 날 다가와 친구가 되고 싶다고 했습니다. 사자와 범은 기꺼이 야간을 친구로 맞이하고 고기도 함께 먹었습니다. 그런데 어느 날 야간은 사자와 범이 사냥을 못하면 자기를 잡아먹을지도 모른다고 생각했습니다. 야간은 위험에서 벗어날 생각으로 사자와 범에게 가서 차례로 말합니다.

"범이 당신한테 나쁜 마음을 먹고 있어요. 조심하세요."

"내가 사자의 말을 들었는데 신선한 고기를 먹는 게 다 자기 힘이라면서 당신한테 나쁜 마음을 먹고 있어요. 조심하세요."

야간의 말을 듣고 범이 사자를 찾아갑니다.

"이보게, 사자. 자네, 나에게 나쁜 마음을 가졌나?"

"그러는 자네는 나한테 나쁜 마음을 갖지 않았나?"

범은 아니라고 말합니다. 그러나 사자는 의심을 쉽게 거두지 못합니다.

"내가 야간한테 들은 게 있네. 만약 자네가 그런 나쁜 마음을 먹고 있다면 우리는 더 이상 친구가 아닐세."

범이 곰곰 생각하더니 이렇게 말했습니다.

"이보게, 사자. 야간이 나에게도 똑같은 말을 했네. 우리가 사이좋은 친구라면 야간의 이간질을 믿고 서로를 헐뜯어서는 안 되네."

범은 잠깐 동안 야간의 말에 흔들렸지만 냉정하게 판단했습니다. 그래서 사자와 범은 우정을 지킬 수 있었습니다. 만약 야간의 말을 믿었다면 둘 사이의 평화는 깨졌을 것입니다. 작은 틈이 생겨서 물이 새기 시작하면 아무리 튼튼한 댐도 무너질 수 있다고 합니다. 사소한 오해가 흘러넘치지 않도록 마음을 단단히 여미어야 하겠습니다.

98

진심이 담기지 않은 아첨은
하지도 않고
듣지도 않겠습니다

기원전 중국에 괵(虢)이라는 나라가 있었습니다. 괵나라 임금은 지혜가 부족하고 아첨을 좋아했습니다. 진심으로 충고하는 사람은 벌을 주니 주변에는 온통 간신들뿐이었습니다. 결국 진나라가 쳐들어왔을 때 신하들은 모두 달아나고 쫓기는 임금 곁에는 마부 한 사람만 남았습니다.

"목이 마르고 배가 고프구나. 먹을 것이 있느냐?"

마부는 짐 속에서 물과 먹을 것을 꺼내 주었습니다.

"어디서 난 것인가?"

"제가 오래전부터 준비해 두었습니다."

"오래전부터 준비해 두었다면 내가 도망 다닐 것을 알았다는 말이냐?"

"그렇습니다."

"그런데 어째서 말하지 않았느냐?"

"옳은 말을 듣기 싫어하시니 도리가 없었습니다. 사실을 말씀드리면 나라보다 제가 먼저 망하게 생겼으니 입을 다문 것입니다."

왕의 얼굴이 금세 얼어붙었습니다. 마부는 자기의 실수를 알아채고 급

히 사과하였습니다. 한참 만에 왕이 물었습니다.

"우리나라가 망한 이유가 무엇이라고 생각하느냐?"

"그건 왕께서 너무 현명하셨기 때문입니다."

"현명한데 어찌 나라가 망하는가?"

"어리석은 사람들이 왕의 현명함을 시기하고 질투했으니 망하게 된 것입니다."

그 말을 듣고 왕은 기뻐했습니다.

"아아. 현명한 것이 죄로구나. 이렇게 큰 괴로움을 가져다주다니."

산기슭에 이르렀을 때 왕은 마부의 무릎을 베고 잠이 들었습니다. 마부는 왕의 머리 밑에 돌을 괴어 주고 몰래 도망쳤습니다. 혈혈단신이 된 괵나라 왕은 굶어 죽고 말았습니다.

나라가 망해서 도망치면서까지 아첨에 흔들린 어리석은 왕의 이야기입니다.

입에 발린 소리를 잘하는 사람이 있습니다. 겉만 번지르르한 말을 듣기 좋아하는 사람도 있습니다. 그러나 아첨은 병든 우정이라고 합니다. 진실이 없는 말은 하는 사람이나 듣는 사람 모두에게 도움이 되지 않습니다.

99

다른 사람의 말과 행동에 휩쓸려
어리석음을 범하지 않겠습니다

소크라테스는 "너 자신을 알라."는 말을 남긴 고대 그리스의 철학자입니다.

어느 날, 소크라테스가 거리에서 강론을 하고 있을 때였습니다. 한 남자가 숨을 헐떡이며 뛰어와 말했습니다.

"소크라테스! 플라톤이 당신을 배신했어요. 어마어마한 일을 저질렀다고요."

플라톤은 소크라테스가 가장 아끼는 제자였습니다. 제자가 배신을 했다니 사연이 궁금할 만도 한데 소크라테스는 차분하게 말했습니다.

"잠깐만! 내가 먼저 묻겠소. 당신이 하려는 이야기가 진실이라고 맹세할 수 있소?"

"아니, 그건……."

"그럼 당신이 하려는 이야기가 맹세코 선한 이야기요?"

"그, 그것은……."

"마지막으로 묻겠소. 당신이 하려는 이야기가 모두에게 유익한 것이오?"

남자는 대답을 할 수 없었습니다. 소크라테스는 단호하게 말합니다.

"나는 듣지 않겠소. 진실도 아니고, 선한 이야기도 아니고, 유익하지도 않은 이야기를 굳이 하려는 이유가 뭐요?"

소크라테스는 분별력 있게 행동하여 헛소문에 부화뇌동하지 않았습니다. 소문이란 대개 사실과는 달라서 이 사람, 저 사람을 떠돌며 부풀려지고 억울한 피해자를 만들어 냅니다. 괜한 헛소문에 이끌려 엉뚱한 일에 휘말리지 말고 분별심을 키워야겠습니다.

100

내 권리를 부당하게
침해받았을 때는
전문가의 도움을 받겠습니다

1981년 '노인복지법'이 만들어졌습니다.

국가와 지방자치단체는 어르신의 복지를 증진시킬 책임이 있고, 학대를 예방하기 위해 긴급 전화를 설치해야 하며, 학대를 알게 된 사람은 누구라도 신고할 수 있다는 내용으로 이루어져 있습니다.

'인권'이라는 말이 있습니다. 사람이라면 누구나 태어나면서부터 당연히 주어지는 권리입니다. 남에게 함부로 무시당하지 않고 존중받으며, 행복하고 인간답게 살아갈 권리를 말합니다.

어린이부터 어르신까지 누구에게나 인권이 있습니다. 나이가 많고 약하다고 하여 차별당하거나 학대를 받아서는 안 됩니다. 사회도 적극적으로 나서서 어르신의 인권이 보호받을 수 있도록 노력하고 있습니다. 어르신들의 인권이 침해당하지 않도록 스스로의 권리를 잘 알고 지켜나가야 합니다.

· 5장 ·

가족을 소중히 여기고
사랑하겠습니다

101

집안일을 결정할 때
가족의 의견을
먼저 묻겠습니다

"너는 어떻게 생각하느냐?"

부처님이 제자들에게 가르침을 줄 때 자주 이렇게 물어보셨습니다. 질문을 받은 제자들은 "저는……." 하며 자기의 의견을 말했습니다.

"수보리야. 너의 생각은 어떠하냐? 동쪽 허공을 생각만으로 헤아릴 수 있겠느냐?"

"세존이시여. 저는 헤아릴 수 없습니다."

이렇게 말입니다.

누군가의 의견을 묻는다는 것은 존중한다는 뜻입니다. 또 좋은 사이, 소중한 사이라는 뜻이기도 합니다. 아무 상관없는 사람이거나 사이가 나쁜 사람에게 의견을 묻는 일은 없을 테니까요.

우리는 어떻습니까? 혹시 집안의 중요한 일을 혼자서 결정한 적은 없나요? 아니면 가족 사이에서 의견이 엇갈릴 때 가장이니까, 어른이니까, 이런 이유를 대며 일방적으로 고집한 적은 없나요? 없다면 참 다행한 일입니다.

그렇다면 작은 일에서는 어떻습니까? 필요한 물건을 살 때나, 가족 여

행을 갈 때, 가족끼리 식사를 할 때 혹시 내 위주로만 결정한 일은 없는지 곰곰 생각해 보았으면 합니다.

102

가족은 소유의 대상이 아니라
독립적인 인격체임을
잊지 않겠습니다

"아이는 신이 우리에게 잠시 맡긴 선물이에요."

유대인 부모는 자녀를 이렇게 생각한다는 글을 읽었습니다. 내가 낳은 내 자식이 아니라 신의 선물이라고 생각하니 얼마나 사랑스럽겠습니까? 더욱이 신이 주신 것도 아니고 신이 맡긴 것이니 함부로 대하지 않고 존중할 것입니다. 부모의 종속물로 생각하고 강압적으로 대하는 일은 없습니다. 그래서 유대인 부모들은 아이를 교육할 때도 일방적으로 가르쳐 주거나 엄하게 꾸중하지 않고 대화와 토론을 자주 벌인다고 합니다.

대화와 토론은 나오는 대로 말을 하는 것이 아닙니다. 곰곰 생각해 보고 자기 생각을 정리한 뒤 말합니다. 그러니 지식을 한두 개 아는 것보다 더 큰 공부가 될 것입니다.

우리는 어떤가요? 한때 우리는 자녀를 독립된 인격체로 보기보다는 소유물로 생각했습니다. 최근 젊은 사람들 사이에도 이런 생각이 남아 있는 모양입니다. 한 단체가 조사를 해보니 20명 중에 3명은 여전히 자식이 부모의 소유물이라고 대답했습니다.

"내 자식 내 마음대로 하겠다는데 남들이 왜 참견이야?"

"내 마누라 내가 교육시킨다는데 왜들 난리야?"

"내 남편인데 내가 멋대로 하면 좀 어때?"

이런 말, 한 번쯤은 들어 보셨겠지요? 좋은 소리로 들리나요?

내 귀에 안 좋게 들리면 그 말은 해서도 안 되고 그런 행동도 하면 안 됩니다. 내가 돌보고 사랑해야 할 가족이라도 내 소유나 종속물은 될 수 없습니다.

103

어떤 경우라도
나의 자손을 차별하거나
편애하지 않겠습니다

아이의 미목이 수려하다 했고 네 아우도 골상이 비범하다고 편지를 보냈더구나. 이마는 넓고 솟았는지, 정수리는 평평하고 둥근지, 왜 하나하나 자세히 적어 보내지 않느냐?

연암 박지원이 현감 벼슬을 받고 지방에 내려가 있을 때 아들에게 쓴 편지입니다. 그중에서 갓 태어난 손자의 생김새를 왜 자세히 써 보내지 않느냐며 닦달하는 부분입니다.

박지원은 잘못된 사회, 양반들의 잘못을 호되게 비판하던 선비입니다. 그런 박지원도 어쩔 수 없이 자상한 할아버지였나 봅니다. 환갑이 다 된 나이에 첫 손자를 보았으니 그 기쁨이 얼마나 컸을지 짐작이 갑니다.

손자, 손녀가 태어났을 때 할아버지, 할머니가 느끼는 기쁨은 말로 다 못할 것입니다. 많은 어르신이 자식이 태어났을 때와 손주가 태어났을 때의 느낌은 전혀 다르다고 말합니다. 자식들을 봤을 때는 철이 없어 무덤덤했지만, 손주는 눈에 넣어도 아프지 않다는 것입니다.

그런데 가끔 이야기를 들어 보니까 손주가 여럿 있으면 더 예쁜 아이가 있는 모양입니다. 예뻐하는 이유도 다양합니다. 친손주니까, 외손주니까, 나와 닮았으니까, 내가 키웠으니까, 나를 잘 따르니까, 더 똑똑하니까……

자식도 차별을 하면 안 되는데 하물며 더 어린 손주들에게는 어떻겠습니까? 사랑에 차이를 두어서는 안 됩니다. 나이가 아무리 어려도 사랑을 덜 받으면 본능적으로 압니다. 할아버지, 할머니의 차별이 상처가 되면 오래도록 나쁜 기억으로 남습니다. 눈에 넣어도 아프지 않을 나의 자손들은 기쁨을 주기 위해 우리에게 온 선물입니다. 똑같이 사랑하고, 똑같이 아껴 주시기 바랍니다.

104

남녀의 역할을 구분하지 않겠으며 가정 안에서 평등을 실현하겠습니다

"아버지가 누나에게만 유산을 주었는데 아무리 생각해도 잘못된 일인 것 같습니다. 저도 나눠 받아야겠으니 원님이 판결을 해주세요."

고려 시대에 손변이라는 사람이 경상도 안찰부사로 있을 때의 일입니다. 어떤 남자가 누나를 상대로 소송을 내며 손변에게 판결을 내 달라고 했습니다. 누나는 누나대로 당당했습니다.

"제가 욕심을 내서 빼앗은 게 아니라 아버지의 유언에 따라 물려받은 것입니다."

손변이 물었습니다.

"그렇다면 남동생은 무엇을 받았느냐?"

"검정 옷 한 벌, 모자 하나, 신발 한 켤레, 종이 한 장뿐입니다."

손변은 며칠을 궁리했습니다. 그리고 며칠 뒤 두 남매를 불러 판결을 내렸습니다.

"누나는 남동생에게 재산을 갈라 주어라."

손변의 말이 이어집니다.

"부모의 마음이야 딸이나 아들이나 똑같지 않겠느냐. 아버지가 모든

재산을 누나에게 물려준 것은 어린 동생을 잘 보살피라는 뜻이다. 아들에게 검은 옷과 모자, 신발과 종이를 남겨 준 것은 이 옷을 입고 종이에 억울한 사연을 써서 관아에 고발하라는 뜻이니라."

판결을 들은 남매는 울음을 터트렸고, 재산을 사이좋게 나누어 가졌습니다.

고려 시대의 명재판으로 꼽히는 이 이야기는 그 시대에 남자와 여자가 크게 차별받지 않았음을 보여 줍니다. 우리 조상들은 무조건 아들만 우대한 줄 알았는데 딸에게도 유산을 상속했다니 의외입니다.

실제로 조선 초까지만 해도 딸과 아들은 크게 차별받지 않았다고 합니다. 여자들이 남자들만큼 적극적으로 사회생활을 한 게 아니니 완전히 평등했다고는 말할 수 없지만 우리가 알고 있는 것처럼 '남자는 땅, 여자는 하늘'은 아니었다는 것입니다. 딸들도 유산을 상속받았고, 제사에도 참여했으며, 사위가 집에 들어와 산 경우도 많았습니다.

지금 우리는 남자와 여자에 대해서 어떻게 생각하고 있나요?

"여자는 나서지 말아야 해."

"여자가 남자만 잘 만나면 되지."

"남자가 부엌에 들어가면 안 돼."

"남자는 울면 안 돼."

혹시 마음속에 아직도 이런 생각이 남아 있는 것은 아닌가요? 부처님도 제자인 아난다의 간절한 요청을 들으시고 여성들의 출가를 허락하셨습니다. 여자라고 차별을 두지 않고 존중하셨기 때문입니다. 남자라고 해서, 여자라고 해서 차이를 두는 것은 우리의 전통에도 어긋나고 부처님의 가르침에도 어긋나는 일입니다.

자녀의 인생에 간섭하는 대신
올바른 선택을 할 수 있게 돕겠습니다

미국에서 새로 생긴 말 가운데 '헬리콥터 엄마'라는 말이 있습니다. 자녀 주위를 뱅글뱅글 돌면서 일일이 간섭하는 엄마들을 가리키는 말입니다. 그런데 최근에는 헬리콥터 엄마보다 더 심한 엄마가 나타났습니다. 바로 '잔디 깎이 엄마(lawn mover mom)'입니다.

'잔디 깎이 엄마'란 정원의 잔디를 깎듯이 자녀의 앞날에 장애가 되는 문제를 앞장서서 해결해 주는 엄마들을 가리키는 말입니다. 이런 엄마들은 대학생이 된 자녀의 수업 시간표까지 짜 주고 교수 면담까지 대신 해줍니다. 다른 학생과의 경쟁에서 이길 것을 강요하면서 압박감을 줍니다.

그저 남의 나라 이야기로 듣고 말기에는 우리나라도 사정이 심각합니다. 극성스러운 부모님들이 대학생 자녀의 학업 간섭은 물론이고 군대 일까지 간섭한다고 합니다. 그런 다음에는 회사 생활에 간섭하고, 결혼 문제에 간섭하고, 심지어는 결혼한 뒤까지 간섭하려고 듭니다. 일일이 부모의 간섭을 받는 결혼 생활이 행복할 리 없습니다. 고부 갈등이니 장서 갈등이니 하는 현상도 따지고 보면 자녀에게 간섭하는 데서

비롯된 일입니다.

부모는 자녀의 인생을 마음대로 끌고 가는 사람이 아닙니다. 성인이
된 자녀의 문제를 언제까지나 해결해 줄 수 있는 것도 아닙니다. 훌륭
한 인생을 살 수 있도록 돕는 것이 부모의 바른 역할일 것입니다.

106

내 가족에게 언제나 편안한
의논 상대가 될 수 있게
노력하겠습니다

네가 닭을 키운다고 들었는데 참 좋은 일이긴 하지만 이것도 품위 있는 것과 비천한 것, 깨끗한 것과 더러운 것의 차이가 있다. 농서를 잘 읽어서 좋은 방법을 골라 시험해 보아라. 빛깔을 나누어 길러도 보고, 닭이 앉는 홰를 다르게도 만들어 보면서 다른 집 닭보다 살찌고 알도 잘 낳을 수 있도록 길러야 한다.

다산 정약용이 작은 아들 학유에게 보낸 편지에 나오는 내용입니다. 정약용은 강진에 유배 가 있는 동안 자식들에게 많은 편지를 썼습니다. 편지에는 언제나 자상한 가르침이 담겨 있었습니다.

다산이 유배지에 있지 않고 아들과 한집에 살았다면 어땠을까 생각해 봅니다. 아들은 꾸준히 묻고 아버지는 자상하게 대답해 주지 않았을까요?

"아버님. 닭을 한 번 키워 보려고 하는데 어떻게 생각하시는지요?"

"좋은 일이다. 닭을 그저 풀어놓아 몸집만 키우지 말고 좋은 방법을 찾아보아라."

"닭을 키우는 좋은 방법이란 무엇입니까?"

"그건 네가 찾아야 하지 않겠니? 이런저런 실험을 해보면서 연구해 보는 게 좋겠구나."

이렇게 말입니다.

우리 자식들도 어릴 때는 집에 와서 시시콜콜 무엇이든 다 물었습니다. 그런데 지금은 입을 꾹 닫고 어떤 일도 의논하려 들지 않습니다. 자식들이 자기 앞가림을 할 수 있는 나이가 된 데다 부모님께 걱정을 끼칠까 봐 말을 하지 않는 것이겠지요.

그러나 의논이 어찌 큰 문제에만 해당이 되겠습니까? 사소한 일도 묻지 않는 게 문제입니다. 자녀들은 왜 그럴까요? 어쩌면 부모님이 자상하지 않거나 말해 봐야 아무 소용없기 때문은 아닐까요?

자식 세대뿐 아니라 손주들도 마찬가지입니다. 할아버지, 할머니가 꾸지람만 하고 이해심이 없다면 가까이 오려 하지 않고 어떤 말도 털어

놓지 않을 겁니다.

자손들에게 늘 편안한 언덕이 되려면 어떻게 해야 할까요? 방법을 한 번쯤 궁리해 보았으면 합니다.

107

가족의 능력과 소질을 인정하고 칭찬과 격려를 아끼지 않겠습니다

2015년 〈사도〉라는 영화가 개봉하여 큰 인기를 끌었습니다. 조선 시대의 왕 영조와 그의 아들인 사도세자의 불행한 부자 관계를 담은 영화입니다.

역사책에서 사도세자는 광기를 보인 인물로 나타납니다. 살인을 서슴지 않았고 친여동생에게도 칼을 들이댔습니다. 그래서 아버지 영조는 아들인 사도세자를 뒤주에 가두어 죽게 만듭니다.

후대의 사람들은 이 사건을 두고 이런저런 시각으로 해석합니다. 영조시대에는 당쟁이 심했는데, 왕의 자기 자리를 지키려고 아들을 죽였다는 게 가장 일반적인 시각입니다. 역사책이라는 것이 원래 쓰는 사람 마음대로이니, 역사책만 갖고는 진실이 무엇인지 모릅니다. 그러니 이 글에서는 오로지 영화 이야기만 하겠습니다.

영화 속에서 영조는 아들을 탐탁해 하지 않는 아버지입니다. 대신들과의 회의에 참석시켜 나라 일을 결정하라고 해놓고도 늘 세자를 타박합니다. 이런 결정을 하면 이렇게 했다고, 저런 결정을 하면 저렇게 했다고 나무랍니다. 왕이 될 아들을 사사건건 무시하니 자식이 기를 펼 수

가 없습니다. 눈치를 봅니다. 그런데도 아버지는 이렇게 말합니다.

"잘해라. 자식이 잘해야 애비가 산다!"

총명했던 아들은 아버지의 사랑을 그리워하며 점점 어긋납니다.

"내가 바란 것은 아버지의 따뜻한 눈길 한 번, 다정한 말 한 마디였소."

영화에서는 사도세자가 아버지의 사랑을 받지 못해 점점 미쳐 가는 모습이 그려집니다. 이 영화를 보고 많은 사람이 자식 교육에 대해서 생각해 보았다고 합니다. 자녀를 믿어 주고 있는 부모인지, 믿지 못하고 발전을 가로막는 부모는 아닌지 말입니다.

우리도 한 번 생각해 보았으면 합니다. 밖에서는 인정받는 자식을 믿지 못하는 것은 아닌지, 새로운 일을 하려는 가족의 활동을 막으며 꿈을 주저앉히는 것은 아닌지 말입니다.

108

지금 내 옆에 있는 인생의 동반자를 귀하게 여기며 사랑하겠습니다

중국의 옛이야기 가운데 '월하노인(月下老人)' 이야기가 있습니다. 붉은 실을 갖고 다니면서 부부가 될 사람들의 발목을 묶어 주는 이른바 중매쟁이입니다. 붉은 실은 사람의 눈에는 보이지 않지만 월하노인의 실에 묶인 사람은 어김없이 부부의 인연으로 맺어진다고 합니다.

낯선 사람이 만나 부부로 살아가는 것이 얼마나 신기한 일이면 사람들이 이런 이야기를 만들어 냈을까요? 부부의 인연이란 그토록 신기하고 소중한 것입니다.

초기경전에 속하는 중아함경에는 남편과 아내에 대한 부처님의 가르침이 나옵니다. 남편이 아내를 업신여기지 않고 어여삐 여기면 아내도 남편을 존중하고 사랑한다는 것입니다. 부처님은 이렇게 말을 맺으십니다.

"만일 사람이 처자를 사랑하고 어여삐 생각하면 반드시 이익이 불어날 것이요, 흉하거나 쇠하지 않느니라."

부부란 인생에서 가장 진실한 도반입니다. 그 귀중한 인연을 가볍게 생각하지 말아야겠습니다.

참고자료

- 도서   18세기 조선 지식인의 발견
          가난한 날의 행복
          꿈꾸는 다락방
          노년에 관하여 우정에 관하여
          노인과 바다
          님의 침묵
          마음의 시계
          맹자
          몸의 일기
          삼국유사
          세상 벽암록
          세상에서 가장 재미있는 50가지 이야기
          센텐스 : 내 영혼의 향기로운 한 문장
          시가 뭐고
          야사로 보는 조선의 역사
          여씨춘추
          인물로 읽는 한국사
          자기혁명
          지금은 철학자를 만나야 할 시간
          큰 바위 얼굴
          한국의 리더십 선비를 말하다

- 영화　국제시장
　　　　사도
　　　　시네마천국
　　　　인턴
　　　　죽은 시인의 사회

- 인터넷 사이트　경향신문 (www.khan.co.kr)
　　　　　　　　동아닷컴 (www.donga.com)
　　　　　　　　조선닷컴 (www.chosun.com)
　　　　　　　　코리아 헤럴드 (www.koreaherald.com)
　　　　　　　　한겨레 (www.hani.co.kr)
　　　　　　　　한국민족문화대백과사전 (encykorea.aks.ac.kr)
　　　　　　　　한글대장경 (abc.dongguk.edu/ebti)
　　　　　　　　화이트페이퍼 (www.whitepaper.co.kr)

백세시대 당당하게

존경받는 어른을 위한 108가지 이야기

초판 1쇄 펴냄　2017년 7월 17일
초판 2쇄 펴냄　2018년 5월 20일

엮은이. 박지홍
발행인. 전설정
편집인. 김용환

펴낸곳. 아름다운인연
출판등록. 제2003-000120호(2003.07.03.)
주소. 서울시 종로구 삼봉로 81 두산위브파빌리온 230호
전화. 02-720-6107~9　팩스. 02-733-6708
홈페이지. www.jogyebook.com

ISBN 979-11-955228-8-0 03320
값 16,000원